[英国] 西蒙 · 布莱克本 著　梁曼莉 译

我们时代的伦理学

牛津通识读本 ·

Ethics

A Very Short Introduction

译林出版社

图书在版编目（CIP）数据

我们时代的伦理学 /（英）布莱克本（Blackburn, S.）著；梁曼莉译．—南京：译林出版社，2013.4（2024.3重印）
（牛津通识读本）
书名原文：Ethics: A Very Short Introduction
ISBN 978-7-5447-2976-5

Ⅰ.①我… Ⅱ.①布… ②梁… Ⅲ.①伦理学 Ⅳ.①B82

中国版本图书馆 CIP 数据核字（2012）第 133098 号

著作权合同登记号 图字：10-2014-197 号

我们时代的伦理学 ［英国］西蒙·布莱克本 / 著 梁曼莉 / 译

责任编辑 何本国 陈 锐
责任印制 董 虎

原文出版 Oxford University Press, 2001
出版发行 译林出版社
地 址 南京市湖南路 1 号 A 楼
邮 箱 yilin@yilin.com
网 址 www.yilin.com
市场热线 025-86633278
排 版 南京展望文化发展有限公司
印 刷 江苏凤凰通达印刷有限公司
开 本 890 毫米 × 1260 毫米 1/32
印 张 8.875
插 页 4
版 次 2013 年 4 月第 1 版
印 次 2024 年 3 月第 13 次印刷
书 号 ISBN 978-7-5447-2976-5
定 价 39.00 元

序 言

何怀宏

初学伦理学或只是想了解一下伦理学的人经常会向我提出这样一个问题：伦理学是难还是不难？但我自己其实也会对这个问题感到困惑，我开始学的时候是觉得不太难的。因为伦理学有这样一个特点：它不像其他许多社会科学的学科，比如经济学、心理学、法律学，其中充满了大量专业术语，甚至符号、定理、公式，外行几乎完全不懂。而伦理学使用的概念相当多的就是我们日常使用的概念，诸如“好坏”“善恶”“是非”“良心”“义务”“责任”“德性”等等。有谁对这些概念不能说上一点什么呢？甚至如果别人说自己对这些概念一无所知或完全没有发言权，我会认为这对我是一种侮辱：“别的许多东西我可能不知道，但什么东西是好，或对我好；什么东西是坏，或对我坏；以及什么是正当的行为，什么是我应当做的事情，我还是知道的。”

一般正常的情况下或比较正常的时代里，我们大多数人的确知道这些事情，而且很有信心地这样去做。但是，也还会有困难的时候，矛盾的时候，焦虑的时候，很难选择的时候。尤其在我们的时代，在一些重要和根本的道德问题上，我们看到仍然是众说纷纭。而且，我还应当说明一下，伦理学作为学科还是有自己独立而且漫长的历史的，就说近一百年来，分析伦理学对我们日常使用的道德概念和逻辑就有相当多的细致区分和澄清。要理解这些分析乃至只是理解其结果并不容易，能够做一些推进就更难了。

所以，我感觉伦理学还是难的，好的伦理学，尤其好而短的、面向一般读者、必须针对实质性问题的伦理学就更难了。有时自己觉得明白了，想说得让别人明白也还是不容易。而在我读来，收在“牛津通识读本”里的英国哲学家、剑桥大学教授西蒙·布莱克本（Simon Blackburn）的这本《我们时代的伦理学》，应该说是一本相当不错的、简明通俗又有深厚学术功底的伦理学入门书。

这本书的书名原文直译是“一个非常短的对伦理学的介绍”。作者认为，书店里有关伦理学的通俗书籍多可分为两类，一类是心灵鸡汤，是提高士气或甜蜜可口的安慰剂。另一类是某些生物学家、动物行为学家的作品，他们迫不及待地传递这样的信息：“科学”已表明我们和动物或多或少统属一类。人类都是利己主义者，利他主义并不存在。而作者想提供一种新的，既反映新的学术成果又面对真实问题的通俗伦理学。它主要不是为学者而是为普通读者写的，即为想知道一些伦理学通识的读者写的。全书共分为三个部分：第一章审视伦理学闯入现实生活时人们做出的反应，这些反应以不同方式对伦理学构成威胁。第二章思考生活中人们要应对的一些问题，尤其是正义与权利原则的碰撞，以及幸福与自由。最后，第三章着眼于探讨根本性问题，包括伦理学的终极价值、伦理学与人类知识和人类进步的关系。

如作者所言，他首先是面对质疑伦理学的相对主义、虚无主义和怀疑论的潜在威胁，然后考虑我们对出生与死亡等重大问题的态度，考虑我们的人生观和价值观，以及我们对人性和幸福的认识，试图揭示良善的人类生活意味着什么。他还描述欲望、自由以及获得我们在日常生活中需要的机会和权力的权利。在讨论过生命起点、终点及人生意义之后，他还想思考一下如何生活。他先分析和评论了快乐主义，然后是亚里士多德的完善论，再就是现代的功利主义。

以上的人生目的和理想都有较积极的含义，看来作者还是较倾向于目的论或结果论的。但是，他也指出，实现幸福生活的另一种途径是首先思考应当避免什么，而在这一方面，人们是很容易达成以下共识的：我们不希望有人统治我们、歧视我们、忽视我们、怜悯我们、蔑视我们、剥夺我们的权利和机会；同时，我们也不希望丧失生存技能、遭遇失败和痛苦，不希望依赖他人，不希望受到病痛、忧郁等消极情绪的折磨，或者说，“地狱总比天堂更容易描绘”。列举必须避免的内容比列举必须实现的内容更容易。而在我看来，这还不仅是理论上更容易的问题，也是实践上更有可能的问题。我们应当首先通过建设一个好的政治社会而避免陷入地狱。下面的观点自然是我赞同的：政治秩序不是万能的——它不能保证人们没有抑郁、没有疾病、没有失望地生活；但它能保障人们远离暴力、免受歧视、不被随意抓捕，免遭残酷的或侮辱性刑罚、不公平审判以及其他厄运。你陈述自己的观点或和平示威时，它用法律保护你的权利。就此来看，道德、政治或社会秩序给人们提供基本保障。而人们在此基本保障之下能获取什么、能否实现人生幸福则主要取决于个人。赋予人们幸福不是政治以至道德哲学的责任，更不是宪法或政府的责任，它们所提供的仅仅是一个可以让个人正常和自由发展的平台。

这种对自由和幸福的看法似被作者认为过于消极。作者指出消极自由和积极自由有相互联系的一面，认为任何对自由完整的定义都应包括免受侵扰和能够去做这两个方面。任何积极的善都可被描述为免于（free from）某种东西：健康是免于疾病；幸福是一种免于缺憾和痛苦的生活；平等是免于优势和劣势之别。但是否可以反过来这样说呢？我以为哪怕从次序上来说，也是应当首先争取对消极的自由（实际上也就是一些最基本的权利）的切实保障，然后才是考虑争取积极的自由幸福，而后一种争取是不能违反前一种争取所施加的道德限制的。另外，这样两种争取的主体、对象和动力也是有分别的。任何一个人都仅仅因为其生而为人而配享那些基本的（消极）自由，但享受积极的自由幸福则还需要一种能力的培养，需要我们自己对自己个人提出要求，需要我们自己付出努力。不同人的自由幸福观念也有所不同，有些人比较推崇独立，也有些人希望更多地涉及他人，希望有一种更紧密的共同体感，但这有时可能会导致干预他人甚至支配他人，有时也可能是依赖他人。

作者对宗教或永恒与无限的观念似乎有些不以为然。他引剑桥哲学家弗兰克·拉姆齐回应帕斯卡尔“无垠空间的沉寂令我恐惧”的话说：

> 我与一些朋友的不同之处在于我不重视物质的大小。面对无垠的宇宙，我丝毫不感到渺小。星空虽然广袤无垠，但它们既没有思想，也没有情爱。我更重视思想与情爱这些品质而不是大小，我不会因为身躯重达十七英石而受到

赞誉。

我的世界之图像显示在脑海中，而不像按照比例制作的模型。人占领了宇宙之最有利地形，而星星则如三个便士硬币那么小。

如此自然也不易产生康德那种面对星空与道德律的敬畏之情。而无限的“星空”并不只是“物质”的东西，它可能造成的印象就更不是了。作者在最后一章讨论伦理学的根基时回顾了亚里士多德的完善论、康德的普遍性原理、休谟的共同观点、罗尔斯的正义论、哈贝马斯的话语、斯坎伦的契约理论等。而最后，我们注意到他对同情心作为道德源泉和孔子仁学作为道德根基的思考。他写道，如果我们看到一个人被钢琴压住了脚，“我们不仅理解那个以脚受到伤害为理由推倒钢琴的人，我们还可能把他的痛苦当作我们的行为动机。他的痛可能转化为我们的痛——不是简单的脚痛，而是成为解救他的愿望。看到他人遭受痛苦却无能为力的好人会感到极其不安。在这种情况下，让我们采取行动的是同情心或仁慈心，而不是任何语言程序规则。我们能在多大程度上对他人痛苦与难处感同身受，这一点不是最主要的。无论在血缘关系还是方位距离上，当他们与我们更为亲近时，我们往往受到的影响更大。在所有这类情况下，在我们身上起作用的似乎是感情而不是理性。在此意义上，道德动机的基础不是关于某种话语的程序性规则，而是我们能够做出回应的情感。正如孔子很早以前就看到的，仁或对人性的关照是所有这一切的必要根基”。

作者对现代性已经有一种反省和批评，他说，“当今我们一味追求权利，丝毫不考虑拥有权利者的能力，我们可能会怀疑这种行为本身是否健康”。他甚至说：“我们可以在大体上追溯黄金时代的传说，那时我们的品质中尚没有当代人所具有的缺陷。我们崇尚儒家的道德秩序，道家强调的天人合一，或斯多葛派的顺从天命，并且对进步心存怀疑。”作者敏锐地注意到，现在人们越来越开始注意保护我们的自然生态环境了，但对我们的道德生态环境却不够关心。当然，他对人类的道德前景还是有信心的，虽然他不抱过高的期望：“如果我们谨慎、成熟、想象力丰富、行事公正、作风正派，并且受幸运之神眷顾，我们大概不会从道德之镜中看到自己成为圣人，但也不会看到自己成为妖魔。”

目 录

前　言

这本“非常简明导论”是我的另一本入门级作品《思考》的姊妹篇，但它比《思考》更短小精悍。《思考》从以往哲学导论枯燥乏味、毫无趣味性的窠臼中跳出来，这本伦理学读本的写就则是基于另一种考虑，即大多数伦理学读物很少涉及真正困扰人们的主题。我认为，真正困扰他们的，是那些使他们担心道德要求实质上虚假伪善的种种因素。这种担心其实就是所谓的相对主义、怀疑主义和虚无主义。因此，我将围绕这些问题展开论述。然而，最终还是要由读者来判定这些问题是否得到了彻底解决。即使它们犹如吸血鬼德拉库拉阴魂不散，至少已被拔去了毒牙。

从书总编谢利·考克斯约我撰写本书，她的信任和鼓励使我有决心战胜困难。在澳大利亚国立大学社会科学研究院，我完成了整个写作过程，那里也许是完成这项任务最理想的地方。在此，感谢迈克尔·史密斯及社会科学研究院的热情好客。另外，北卡罗来纳大学教堂山分校为我的研究提供了大力协助，那里的同事和研究生悉心阅读初稿并向我提出许多宝贵意见，其中我尤其要感谢阿德里安娜·马丁为本书做校对。像以往一样，主要功劳应归于我的妻子安杰拉，为同一屋檐下的作者编辑、排版并非她的分内之职，因而需要她付出不同寻常的耐心与热情。

西蒙·W.布莱克本

2000年11月24日

引　言

现在我们都非常关注自然环境，知道我们赖以生存的自然环境是脆弱的，知道就能力来说我们能够毁灭自然环境，从而毁灭自己的生活，或更确切地说，毁灭子孙后代的生活。然而，我们当中鲜有人认识到所谓的道德或伦理环境。道德或伦理环境是关于应该如何生活的意识氛围，它决定我们的思想——什么可以接受，什么不可接受，什么令人向往，什么令人鄙视。道德环境决定我们对一帆风顺和时运不佳的概念。在与人交往时，道德环境让我们知道该得到什么，该付出什么。它成就我们的情感世界，决定什么事令人骄傲或耻辱，什么事令人愤怒或感激，什么事可以原谅或无法饶恕。它是我们的标准——我们的行为准则。在一些思想家——最著名的可能是黑格尔（1770—1831）——的眼里，道德环境铸就我们的独特人格。我们对自己的看法在很大程度上，或从根本上，就是别人对我们的看法。我们需要从他人眼里或世人眼里认识自己的价值。有时为提升这种价值所做的努力甚至会矫枉过正，保罗·克莱的作品便表明了这一点（见图1）。

图1　《两人邂逅，双方都自以为对方地位高于自己》，保罗·克莱。这里说明的是人类为了取得他人的尊重而表现出的奴性

道德环境的作用可能是奇特而无形的。我曾经在一个广播节目中慷慨陈词，大力宣传哲学实践的作用。然而，其中另一位嘉宾是个学者，曾是纳粹集中营的幸存者。他毫不示弱地质问我：对于一群踏上死亡之旅的人，哲学的作用何在？不可否认，答案是苍白的——在那个年代，哲学与文学、艺术、音乐、数学或其他自然科学一样派不上用场。但是，不妨试着反思一下当时促成纳粹统治的道德环境。希特勒曾宣称："人没有思想，对统治者是件天大的幸事。"信口开河的他，似乎同样没有认识到催生这种想法、使他施展淫威的道德环境。这种环境是原始质朴、纯真无邪的日耳曼民族形象存在的土壤，彼时人人担忧，唯恐日耳曼民族的纯洁遭到玷污。与二战之后麦卡锡时代的美国一样，它也面临着受到国内外"不良风气"的影响而退化变质之忧。这种道德环境包括对民族和国家使命的构想，包括通过国家团结和军事忠诚实现天启转变的观念。它完全符合眼光敏锐、具有绝对权威的希特勒的观点。德国人的这些观点根植于对达尔文主义[①]的误用，根植于德国浪漫主义，以及基督教甚至犹太教的一些内容。总之，正是因为他们确实有思想，希特勒才能得到至上权力——只不过他们的思想被一种封闭观念所毒害；他们中的很多人大概还没有意识到这个问题，因为人们往往不能明了自己的观念。在此意义上，观念是一种倾向，它能接受自身没有发现或无法表达的思想或情感路径。然而，这种思想倾向却统治着社会政治领域。

有个故事，讲的是一位物理学家到同事尼尔斯·博尔家做客，当他看到挂在墙上的幸运马蹄铁时，便惊讶地问道："你不是

① "达尔文主义"一词有时仅狭义地指达尔文学说，以及由此而产生的进化思想。——注释均由译者添加，以下不再一一说明

不迷信吗？”“我才不呢，只不过有人告诉我无论迷信与否，它都能带来好运。”殊不知，马蹄铁不能，道德环境却能。

道德环境不同于**道义**环境。事实上，道德环境的某些内容可能与道义说教相左，后者总让人感到有些不合时宜或形式不当。这样的思索本身将影响我们的生活方式。因此，（比如说）当前的道德环境的一个特点是，我们对权利斤斤计较，而对“善”却不够关心。对于早先的伦理思想家，如《奥义书》作者、孔子、柏拉图以及基督教的创始人来说，他们主要关注的是人的精神状态，也就是关于正义或和谐的个体状态。这种精神状态可能包括顺从与克制，或包括超脱，包括驯服，包括知识，尤其是关于自我的知识。柏拉图认为，世上没有正义的政治秩序，只有生活在政治秩序中的正义公民（尽管内心和谐或正义需要有公正的政治秩序——这种相互作用形成了良性循环）。

如今，我们却不这么认为。我们更愿相信现代的宪政民主制度健康有序，而无视其体制内部的隐蔽缺陷。更有甚者，一谈及善，我们就会紧张不安：善似乎是符合道德标准的，或者是武断专制的，或者是天生优越的。同样，提及责任我们同样感到不安。维多利亚时代[①]的理想是过一种投身于责任或献身于号召的生活；如今，这种理想已全然消逝。于是，我们把道德力量更多地用于在彼此争辩时维护自己的观点，包括维护自己的思想状态使其不受外界干扰。我们会在本书中看到道德环境这一方面的某些作用。

人类是道德性的动物，但不是说人类天生就知书达理，也不

① 维多利亚女王（1819—1901）在位时期。维多利亚女王即位后英国加紧向外扩张，建立庞大殖民地，工商业亦迅猛发展。一些英国历史学家称“维多利亚时代”为英国历史上的“黄金时代”。

是说人类总是在相互督促。而是说，我们会对事物进行归类和比较、评价，甚至赞美，主张权利或为其正名。我们不会孤立地"偏爱"一件事，而是希望有人与我们有共同爱好。由于这些共同爱好，我们开始向他人提出各种要求。客观事物的发生、发展不断改变着所有人对于责任、对于罪与耻以及对于我们自己和他人的价值的看法。我们梦想过上令人尊崇的生活，在现实生活中却喜欢隐藏或否认自己的弱点。戏曲、文学和诗歌都提出了关于行为标准及其结果的观念，这在一些伟大的作品中表现尤其明显。但是，在我们对闲言碎语、忏悔秀和肥皂剧的无尽追捧中，这一点得到了同样正确的体现。罗德知道托德跟达琳接吻，尽管还没有人告诉马琳，阿琳应不应该告诉沙琳这件事？这样做是对沙琳的忠诚还是对达琳的背叛？请继续观看。

对伦理环境的思索不是一些学院派学者的专利，毕竟讽刺作家、漫画家、小说家、艺术家对普遍的伦理环境的评论和批评，与那些所谓的哲学家一样犀利。传播反抗精神的小说家（如哈丽雅特·比彻·斯陀、狄更斯、左拉、索尔仁尼琴）的影响可能大于学院派学者。在结束越南战争方面，当时所有道德哲学家的作品加在一起，其作用可能还比不上一幅摄影作品（见图2）。

哲学当然不是唯一研究伦理环境的学科，但是，哲学对伦理的思考却目标明确：研究动机、理性、感情等激发人类行为的根本动因，其意在研究维持我们生活的一整套法则或"标准"。这一目标往往表现为在我们所遵守（或声称遵守）的零乱无序的法则和目标中寻找脉络。这就是道德自觉。当然，哲学家即使在思考伦理道德的时候，也不能摆脱伦理环境的影响。在当代的整体环境下，任何关于人性的故事，无论好坏，都是受环境和人性影响的结果。

图2　《火从天降》,黄功吾(“尼克”),1972

尊崇道德自觉，渴求道德自觉，甚至容忍道德自觉，这些本身都体现了各种道德立场。在不同时期，这些道德立场是兴起还是式微，取决于我们对在道德之镜中所见到事物的喜好程度。抛弃道德自觉也是很自然的，尤其是当我们衣食无忧的时候。所有人都容易满足于自己的生活方式，正如在大巡游中英国贵族发现的：“意大利人称‘刀子’为coltello，法国人叫couteau，德国人说Messer，而英国人则谓knife。当大家都这么说并这么做的时候，便习惯成自然了。”

我们不喜欢被人命令，我们只想享受生活，并且希望以一种善良之心去享受生活。打破这种平静的人让我们感到不快。所以，道德学家经常是晚宴上的不速之客，我们有许多方式防范他们。比方说，有些人会暂时远离恶劣的自然环境，与世隔绝，营造一个小天地，尽享其乐。化工厂老板可以住在其厂房的逆风处；伐木工人知道，直到他死后，树木也不会被砍光。相应地，人们同样也可以将自己封闭起来，远离恶劣的道德环境，或从这种环境中受益。正如有的树木枝繁叶茂，靠的是吸收其他树木应得的养分和阳光，一些人也靠剥夺他人应得之物来提升自己。在西方社会，白人男子的优裕发达源出于非西方、非白人或女性等其他族群低下的社会经济地位。这正是我们的现状，我们却不希望有人揭示这个问题。

但是，伦理学开始干涉这件事。我们在掠夺世界资源，我们的舒适生活是以第三世界的恶劣工作环境为代价的——想到这些，我们常常会有难以名状的不安情绪。出于自我保护意识，听到有人提出这些问题，我们有时会恼羞成怒。但藏身于文化之中，剥削者的确需要编造故事，以防被归为无赖之辈。因此，伦理环境允许我们在为**自己的**昂贵产品报价时，大谈“市场”规律作为托词；伦理治理环境允许我们为**他人的**高价愤愤不平，可以强调“我们的权利”及“他们的私欲”。种族主义者、性别歧视者编造各种理由，像美国南北战争前奴隶主必须编造各种理由为奴隶制开脱、辩护一样。伦理环境将维护一种信念——**我们**是文明人，而**他们**是野蛮人；或者说，**我们**理应得到更好的境遇。**我们**睿智、敏感、理智、先进、讲科学、有权威、受上帝之庇护，所以能够独享权利和自由，而**他们**不能与我们相提并论。偏离正道的道德体系将从根本上促成血汗工厂、集中营或死亡之旅的出现。

因此，本书的第一章将审视伦理学闯入现实生活时我们做出的反应，这些反应以不同方式对伦理学构成威胁。第二章将思考生活中我们要应对的一些问题，尤其是正义与权利原则的碰撞，以及一些更让人感到亲近的话题，如幸福与自由。最后，在第三章我们将着眼于探讨根本性问题，包括伦理学的终极价值、伦理学与人类知识和人类进步的关系。

第一章

威胁伦理学的七大因素

本章将要审视的，是在思考人类的选择标准和行为标准时，将使我们感到踌躇动摇的一些观念。这些观念似乎在以各种方式表明，构建伦理体系由于某些原因是不可能的。这些在道德环境中无处不在的观念会改变我们对自己和对他人的看法（往往使这种看法变得消极）。在它们的影响下，当我们观察一些响亮的词语——正义、平等、自由、权利——我们看到的只是权力之争、权力碰撞、虚假伪善，或者仅仅看到我们狭隘的、不值得强加于人的个人观点。我们被犬儒主义[①]和自我意识束缚着。下面，我们将考察威胁伦理学的七大因素。

1. 上帝之死

许多人认为伦理学不仅与宗教息息相关，而且完全由宗教所决定。这些人不必过多考虑伦理道德，因为他们有一套现成、权威的律令规范——一本生活指南。它是上帝的教诲，或

① 因其创始人安提西尼在一个名叫居诺萨格（Kunosarges）的体育场中讲学而得名，Kuno即希腊语“狗”的意思。

者是一个比我们人类更伟大的存在的意志。正是通过这个超验的存在的启示，我们才得以了解生活的准则。我们或者亲自领略其真谛，或者更多的是通过一个中介——一个与神联系密切并能够将其意志传达给芸芸众生的牧师、先知，或是一种文本、习俗。这样我们便知道该做什么。服从神意值得嘉许，将得到报偿；违背神灵，将遭受严厉的惩罚。在基督教教义中，服从上帝将使人战胜死亡获得永生。违背上帝，则意味着永远的地狱之灾。

在19世纪的西方，当传统宗教信仰逐渐失去对人们思想的控制时，许多思想家认为伦理道德也随之式微了。我们的目的不在于评论这种信仰是否还在控制人们。我们关注的焦点是，行为准则的含义到底是什么。难道真如陀思妥耶夫斯基所说，“如果上帝死了，人就可以随心所欲了”？看起来似乎确实如此：没有立法者，怎么可能有法律呢？

在切入主题之前，我们可以从传统宗教教义的弊端这方面转变一个角度思考。读《圣经》的人可能被它的某些训导所困扰。在《旧约》中，上帝偏爱某个族群甚于其他族群，并且最重要的是，他对自己本身的超然地位怀有嫉妒，这是一种奇怪的精神偏执。他似乎对奴隶社会不反感，认为人类对生育的控制是不赦之罪（《创世记》38：9—10）。他支持严厉管教儿童（《箴言》22：15，23：12—14，29：15），而且同意对愚昧无知之人进行鞭挞，督促其上进（《箴言》26：3）。甚至，互联网上还流传着写给一位专栏主持人、基要主义者“劳拉博士”的一封信。

亲爱的劳拉博士：

您用上帝的法则教育人们，感谢您所做的一切。从您那里我学到了很多东西,并且努力与更多人分享这些知识。例如,当有人为同性恋辩护时,我只要提醒他该行为是令人作呕的(《利未记》18: 22),对方就哑口无言。然而,在如何不折不扣地贯彻执行一些具体的戒律、规则方面,我的确需要您的金玉良言。

1. 当我在祭台上烤一头祭品牛时,我知道它散发的香味会赢得上帝的欢心(《利未记》1: 9)。而麻烦出在我的邻居身上,他们说讨厌这种气味。我该怎么办?

2. 我愿意卖小女为奴(《出埃及记》21: 7)。您认为时下合理的价格是多少?

3. 我知道,上帝不允许我与经期的女子有任何接触(《利未记》15: 19—24)。问题是:我怎么知道她处于经期?我曾试图问她们,但难免会激怒她们。

4. 我可以从周边国家买回奴隶(《利未记》25: 44)。我的一位朋友告诉我,这条规定适用于墨西哥,而非加拿大。您可以解释其中的原因吗?

5. 我有个邻居坚持在安息日工作。按规定他应被处以死刑(《出埃及记》35: 2)。从道德上,我有责任将他处死吗?

6. 我的一个朋友认为尽管吃贝类食品是可憎的(《利未记》10: 10),但该行为比同性恋罪责要轻。我不敢苟同,您能说明其中原因吗?

7. 如果我有视力缺陷,就不能走近上帝的祭坛(《利未记》21: 20)。我必须承认我阅读时戴眼镜。我的视力水平是否必须达到20/20,还是另有缓和的余地?

我知道您对这些问题有广泛的研究,因此我相信您可以为我指点迷津。您常教导我们：上帝的教诲是永恒不变的真理。为此，再次表示感谢。

《新约》里情况普遍好转，因为它着重强调爱、宽容及顺从。然而，其通篇却充斥着道义上站不住脚的“赎罪”和“救赎”，宣扬可以为了救赎罪恶之人而牺牲无辜者，从而实现正义（替罪羊的理论）。然后，耶稣的位格[①]在福音书里也表现出道德观的转变。他可能具有宗派倾向：“外邦人的路，你们不要走；撒玛利亚人的城，你们不要进。宁可往以色列家迷失的羊那里去。”（《马太福音》10：5—6）同样，他拒绝帮助迦南的非犹太妇女，带着冷漠的种族歧视口吻说道：“不好拿儿女的饼丢给狗吃。”（《马太福音》15：26；《马可福音》7：27）他希望我们温柔、温顺、温和，但他自己却远远做不到：“你们这些蛇类、毒蛇之种啊！怎能逃脱地狱的刑罚呢？”（《马太福音》23：33）加大拉的猪群一节表明上帝接受当时普遍流行的观念，即精神疾病是由于魔鬼附身；同时，他宣扬动物的生命——以及其他任何人对猪的所有权——是没有价值的（《路加福音》8：27—33）。伯大尼无花果树的遭遇[②]（《马可福音》11：12—21），可能令环保主义者毛骨悚然。

最后提到的是践履的罪和疏忽的罪。我们可能想知道，为什么没有明显迹象表明上帝撤销《旧约》中某些残酷的内容。《出埃及记》22：18中“行邪术的女人，不可容她存活”的言论，

---

① 基督教宣称上帝只有一个，但包括“圣父”、“圣子”和“圣灵”三个位格，三者虽然各有特定位份，却完全同具一个本体，同为一个独一真神，而不是三个神。

② 耶稣有一天从伯大尼回耶路撒冷，半路上肚子饿了，看见路旁有一棵无花果树，就走到跟前，但在树上找不着什么，大失所望，于是便诅咒说：“从今以后，令你永不结果子。”那无花果树就立刻枯干死掉了。

使数以万计的美洲和欧洲妇女在1450年至1780年间被活活烧死。有人会想，如果一个高尚、仁爱、博学的人预见到这些悲剧，撤销这一禁令将会拯救那些遭受火焚之灾的人。

总之，我们可以认为《圣经》赋予了我们绝对权力，允许我们用粗暴的态度对待儿童、智障者、离异者、不信教者、有不同性取向者、老妇人及动物和自然环境。最后，它让我们虐待自己，因为我们是受到原罪污染的堕落者，对自己的憎恨不可避免地引起对他人的憎恨。

哲学家弗里德里希·尼采（1844—1900）对基督教的道德发起了一场最为著名、最为持久的猛烈攻击。且看他一一道来[①]：

> 在基督教里，被征服者和被统治者的本能居于重要的地位：在基督教里，最低等的阶级渴求得到拯救。在基督教里，谈论罪恶、自我批评、良心解剖变成了消遣，变成了抵抗无聊的方法；在基督教里，永远不会消失的是对强权者——所谓的“上帝”——的一种情绪反应（方法是祈祷）；在基督教里，最高的东西被认为是得不到的，是一种神赐，一种“恩宠”。基督教缺乏的是光明正大；隐匿的角落、幽暗的空间是属于基督徒的。在基督教里，肉体是被轻视的，将保持卫生看做是肉欲而加以抛弃；教会甚至反对洁净（摩尔人被赶走以后，基督教的第一个法令是关闭公共浴室，那时仅在科多瓦就有二百七十家这种浴室）。“信基督的”这个词在某种意义上乃是指残酷地对待自己和他人；在基督教里，有的只是对持不同思想的人的仇恨；有的只是渴望迫害

① 以下译文摘自《反基督》，尼采著，陈君华译，河北教育出版社2003年版。

> 的意志……信仰基督教，只是意味着对“精神”、“自豪”、“勇敢”、“自由”、“精神自由”的仇视；信仰基督教，只是意味着对感官、感官享乐、所有形式的享乐的仇恨。

显然，已经有人，并且将来还会有人为一些令人难堪的内容辩解和申诉。无独有偶，有人为印度教的种姓制度辩解和申诉，有人为伊斯兰教的法典或其对妇女及不信教者的态度申辩。然而有趣的是，当评价这些辩解行为时，我们自己就是在评价道德标准。我们可以不谈任何教义，仅从远处审视它，看它是否代表了人人接受的高尚道德，或者我们是否应该接纳某些内容而拒绝其他内容。于是，问题又来了：如果这些标准有资格评价我们最崇高的宗教习俗，那么它们从何而来？

宗教是伦理的基础这一观念遭到柏拉图（前427—前347）的严正挑战，具体体现在名为《欧绪弗洛篇》[1]的对话集中。在这个对话中，由于对神不敬而多遭磨难的苏格拉底遇到了一个叫欧绪弗洛的年轻人；欧绪弗洛自认为对虔敬和公正完全了解。他固执地认为自己的理解是绝对正确的，现在正欲以杀人罪的罪名控告其父。

> **欧绪弗洛：** 对，我确实会肯定虔敬就是诸神全都热爱的，而虔敬的对立面就是诸神全都痛恨的，就是不虔敬的。
>
> **苏格拉底：** 我们是否也得考察一下这种说法，看它是否健全？或者说我们得放过它，接受我们自己的或别人的这种说法，并同意这种说法仅仅是因为有人这样说？

① 以下译文摘自《柏拉图全集》第1卷，（古希腊）柏拉图著，王晓朝译，人民出版社2002年版。

我们是否一定不要考察谈话者说些什么?

欧绪弗洛: 我们一定要考察。然而在我看来,我把当前的这个陈述当作正确的。

苏格拉底: 我们很快就会知道它是否正确了,我的朋友。现在请这样想。虔敬事物之虔敬是因为诸神赞许它,还是因为它是虔敬的所以诸神赞许它?

提出问题后,苏格拉底马上顺利地有了一条思路。

苏格拉底: 那么关于虔敬我们该怎么说,欧绪弗洛?按照你的认证,虔敬的事物不是受到所有神的喜爱吗?

欧绪弗洛: 对。

苏格拉底: 他们喜爱虔敬的东西是因为这个事物是虔敬的,还是因为别的什么原因?

欧绪弗洛: 就是因为这个原因,没有别的原因了。

苏格拉底: 如此说来,由于该事物是虔敬的所以它被神喜爱,而不是因为它被神喜爱所以才是虔敬的。

欧绪弗洛: 似乎是这样的。

苏格拉底: 另一方面,该事物被爱和被神喜欢正是因为神爱它,对吗?

欧绪弗洛: 没错。

苏格拉底: 所以使诸神喜爱的东西与虔敬的东西不是一回事,欧绪弗洛,按照你的说法,虔敬的东西与诸神喜爱的东西也不一样。它们是两种不同的事物。

欧绪弗洛: 怎么可能这样呢,苏格拉底?

苏格拉底: 因为我们之前同意虔敬的事物得到喜爱是因为

它是虔敬的，而不是因为它得到喜爱才是虔敬的。难道不是这样吗？

这里的关键问题是，上帝或诸神不应被视为享有**绝对权威**。我们必须认为，他们在允许我们的某些行为和禁止我们其他行为方面做出了**正确的**选择。他们像我们一样必须知道什么是虔敬的，什么是正义的。不是因为他们无穷的威力，不是因为造物主的身份，不是因为严酷的惩罚，也不是因为回报我们的厚礼，《圣经》才规定众神这么做。这样做不会使他们成为**善的**。再者，仅仅由于他们的威力而服从他们的戒律将是奴性的表现和自私的行动。假设有人指使我为恶，如让我辜负某人对我的信任。"噢，让我想想，我将得到的好处是如此云云，但如果做了这件事，我必须承担遭受上帝严惩的风险。转念一想，上帝是仁慈的，我很可能通过忏悔、临终前的忏悔，使他蒙蔽。"这些想法并不高明，它们不是一个具有完美人格的人应该有的。品行高尚的人应该这样想："做这件事是背信弃义，所以我不会做。"一切到此为止。对宗教权衡利弊，正如当代哲学家伯纳德·威廉姆斯[①]的一句名言所述，是"多此一举"。

有神论思想看起来比无神论思想更糟糕，因为有神论思想似乎扭曲了人们对行为准则的认识。如道德哲学家伊曼努尔·康德（1724—1804）所述，它使我们仅仅由于惧怕惩罚或出于其他动机而**遵循**道德律行事，我们却真切希望人们出于**敬虔**道德律而行事。这才是真正的美德所要求的。（我将在第三章中更详细地讨论康德的这些观点。）

① 伯纳德·威廉姆斯（1929—2003），英国哲学家。

令我们顿生疑窦的是，只有低俗宗教才应受到如此强烈的抨击吗？其他主流宗教呢？上帝更贴切的形象当然不应该是一个空中复仇老人。或许是一个更抽象的东西？在这种神迹导向中出现了一个远离人类、超越人类的善与恶的神灵，如古希腊斯多葛学派的伊壁鸠鲁（前341—前271）所述：

> 享受福祉的永恒的存在本身不会有烦恼，也不会制造事端，因此不会被喜怒所牵制。只有弱小者才会有喜怒哀乐。

一个真正承蒙天赐福祉的永恒存在仅仅因为它的**伟大**而不被渺小人类的行为所扰。他不会因为人吃贝类食物或采取不同的做爱方式而心起波澜。

柏拉图对话集给出的另一个替代观点是：宗教从一开始就赋予某种道德一套神迹的外衣和一个神迹的权威，这种道德正是以此为出发点。在此，人们没有蔑视神迹。神迹为我们提供了激发想象力的符号体系和实际标本，它是人类不屈不挠地与死亡、欲望、幸福、善、恶展开斗争的力量源泉。流浪异乡的人用回忆录记述故国的歌曲、诗词、传说，而不是故国的一般法律或宪法。如果那歌声不再能感染他，他也会将之忘却。同样，我们可能担心当宗教不再打动人心时，我们也会淡忘历史或人类经验的某些重要部分。这可能就是道德的演变（无论好坏）。这种分析表明，宗教不是伦理学的基础，而是伦理学的体现和象征性表达。

换句话说，我们不仅有一套行为准则，还有一系列上帝颁布的法则给行为准则披上神迹的外衣以巩固其权威。我们并非**仅**

有禁止（比如说）谋杀的行为准则，还有关于上帝厌恶谋杀的宗教传说。令人遗憾的是，神迹和宗教也有可能助纣为虐。从前文描述证实的内容中，我们得知：我们不仅畏惧科学，觊觎他人的土地，而且我们所了解的宗教传说表明上帝惩罚有求知欲的人，指使我们抢占他人的土地。我们拥有上帝赋予我们的主宰大自然的至高权力，视**其他人**为劣等人群或罪孽深重之人。或者说，有一幅令人痛心的画面完整地展示在我们面前：人类不仅期冀做某事，而且妄自投射神意，使这种行为成为一种权利或职责。因此，宗教不是行为准则的基础，而是行为准则的反映。它使这些行为准则处于排他的绝对权威的外衣保护之下。宗教在**我们**与**他们**之间划出了一道鸿沟，并且毋庸置疑，宗教还有其他社会和心理作用。它当然可以成为暴力政权奴役民众的手段：如马克思指出的，宗教是麻痹民众的鸦片。上帝让富人住在城堡里，穷人徘徊于城门前——赞美诗的句子使社会下层的人们屈服于命运的摆布。

倘若上述内容符合实际，那么上帝之死绝不是对伦理学的威胁。上帝之死拨开了迷雾，使我们有可能认清伦理学的本质。没有立法者可能不会有法律，但柏拉图告诉我们，道德律不可能是专横、人格化的神的奇思妙想。我们也许应该制定自己的道德律。

2. 相对主义

也许我们面对的仅仅是自己制定的律令而非任何其他的超自然因素。因此有人说，法律是不同的人在不同时期以不同方式制定的。所以，绝对真理似乎根本不存在，存在的只是不同群体的不同真理。这就是相对主义。它遭到大多数道德哲学家的猛烈抨击。“相对主义的初学者”是伦理学导论课上的麻烦，这点很像乡下的无神论者（乡下的有神论者又好在哪里？）。然而，相对主义有它吸引人的地方——对不同生活方式的包容。如今无人完全接受极端的殖民观念：我们的处世方式完全正确，其他民族必须努力适应我们的生活方式。19世纪的传教士与殖民政府之间的合作已不复存在，这是件好事。对民族多样性更多元和更宽松的认同是矫正困境中的帝国主义的良药。

希腊历史学家希罗多德（自公元前5世纪起）在其作品《历史》第三卷中曾发表经典言论，抨击波斯王居鲁士之子、冈比西斯国王对波斯习俗的藐视：

> 不管从哪一点来看，我以为都可以肯定，冈比西斯是一个完全疯狂的人物。否则，他不会做出嘲弄宗教和习俗的事情。因此，如果向所有人建议选择在他们看来是最好的风俗，那么在经过检查之后，他们一定会把自己的风俗习惯放在第一位。每个民族都深信，他们自己的习俗比其他民族的习俗要好得多。因此不能设想，任何人，除非他是个疯子，会拿这类事情取笑。
>
> 在许多证据当中我只提出一个来，从这个证据就可以推想到，所有的人关于自己的风俗习惯都有同样的想法：当大流士做国王的时候，他把在他统治下的希腊人召了来，询问要给他们多少钱才能使他们吃他们父亲的尸体。他们回答说，不管给多少钱他们也不会做出这样的事情来。于是他又把称为卡拉提亚人并且吃他们的双亲的那些印度人召了来，询问要给他们多少钱他们才能够答应火葬他们的父亲。这时，他要希腊人也在场，并且叫翻译把所说的话翻译

给他们听。这些印度人高声叫了起来，他们表示不愿提起这件可怕的事情。这些想法是这样地根深蒂固，因此，我以为，品达洛司的诗句说得很对：“习惯乃是万物的主宰。”①

以上故事传递了两层互不相同的含意。其一，风俗习惯无处不在；其二，风俗习惯理应得到尊重，只有疯子才会拿它开玩笑。在我们的道德环境中，许多人发现前者比后者更容易接受。他们认为，如果我们的行为规范只是“我们的而已”，那么，这就使这种规范失去了任何真正的权威。因为我们同样可以以不同的方式处事，并且假如我们做了，既不会真正得到也不会真正失去什么。在一个民族看来属正当或正确的事情，对其他民族却不尽然。任何一方都不能称自己的道德体系完全、绝对地正确。对伦理学的争论，即是对彩虹的尽头在哪里的争论——争论双方因视角相异而导致各执一词。思想观念的不同表达方式表明，任何一套特定的标准都纯粹是一种习惯；这里的习惯意味着，对于一件事情，存在不同的恰当处理方法，而我们无非是碰巧在用其中一种方式解决问题。正如汤姆·斯托帕德的戏剧《跳跃者》中的一位哲学家所说的：“某一部落认为只有吃了长者的尸骨，才表明对其尊重；而另一部落则情愿为长者买一方墓室。毫无疑问，前者的做法一定会让后者瞠目结舌。”他进而指出：对尊重或对怎么做才是尊重的理解，每一部落都不同，但他们都有**某种**理解在指导其行为。

为什么希罗多德对冈比西斯国王表示如此不齿？就交通法规而言，靠左或靠右行驶都是传统习惯，因为任何一种规定都可

① 译文摘自《历史》，希罗多德著，王以铸译，商务印书馆1985年版。

以解决开车取道的问题。因此，假设有一个当代的冈比西斯，仅仅**因为**我们严格遵守某项法则而嘲笑我们，那么他一定是疯了。当然，这只是习惯做法，但是有必要制定**某项**规则，至于我们选中哪一项，根本没什么值得嘲笑的。

这就引出了相对主义的局限性。现在，我们可以看到法律规范或行为准则的跨文化性。在美国和欧洲大陆，人们靠右行驶；在英国和澳大利亚，人们却靠左行驶。但在任何一国必须只有一种规定，否则就会出现交通瘫痪。同样，葬礼习俗也不尽相同；正如大流士[①]曾表明的，每个民族都要有**某种**仪式满足人们寄托哀思的需要。如果某国客机失事，死者的亲友会悲痛万分。但如果无法用一种妥当的方式辨认、埋葬尸体，或给家人一个满意的"结果"，他们会更加痛苦。在索福克勒斯的悲剧《安提戈涅》(公元前441)中，女主人公陷入无路可退的矛盾之中。一方面，她必须无条件地服从国王不许掩埋战死敌人的禁令；同时，她又不得不埋葬作为敌军一员的兄弟。最终后者战胜了前者。我们和古希腊人一样理解其中的缘由。戏剧想表达的是：安提戈涅表达尊重的方式对我们同样有意义。

因此，我们面临两种不同的选择：我们要实现跨文化需求，"以某种方式处理丧事"；同时，我们又必须遵照当地的风俗，"这是我们的一贯做法"。以上就是相对主义的本质。如果人人需要规则，就该制定规则，它本身就代表一种普遍意义的准则。从而，我们可以得出以下结论：道德的本质在这种情况下才具有普遍性。每个公认的文明社会都需要一种所有权制度(以区分"你的"和"我的")，需要标准来规范实话实说和做出承诺，需

① 波斯帝国国王(前522—前486)，别名大流士大帝。

要制定禁止暴力和谋杀的法律。它也需要一些方法手段来调整性行为的表达方式，需要有理有节地对待陌生人、少数族群、儿童、老人或残障人士以达成某种社会共识。它还要求人们在如何分配资源、如何对待贫困人口问题上达成共识。换言之，在社会生活的整个领域中，它需要人们意识到什么是情理之中，什么是脱离正轨。对人类而言，没有生活准则，就没有生活。这当然揭示了关于相对主义的部分答案，但就其本身来说，也仅此而已。因为人们对行为准则必须基本一致这一点没有异议，而不同民族仍然可以有“不同真理”。

然而，我们可以用另一种方式探讨伦理道德的普遍性，这种方式突出了许多人所面临的道德困境。我们从上文看到，包容往往是一种善，并且，我们很快摆脱了很多帝国主义的确定事实的影响。俗话说入乡随俗，但如果当地人干了肮脏的勾当，我们怎么办？不必深入探究，我们就会发现以下现象：有的社会中，普遍虐待许多族群的做法不违背其社会准则；有的社会中，社会成员可以合法拥有奴隶；有的社会中，种姓犹在、等级森严；有的社会中，法律容忍焚毙遗孀；有的社会中，女性被切割生殖器，或被彻底剥夺受教育的权利和其他权利；有的社会中，人们没有政治言论自由；有的社会中，犯人的遭遇让人不寒而栗；还有的社会中，不同宗教信仰或说不同语言的人群，会得到不同的法律和民事地位。

冲突由此产生。一方面，相对主义者认为“如果他们那么做，对他们很好，却与我们没有任何关联”。另一方面，我们大多数人都强烈地感到这些事情根本就不该发生，我们不能袖手旁观。如果标准只能是这样，对于具体应该适用哪些标准这一难题，我们要么处理失当，要么无力解决。

因此，我们自然会研究正义和“权利”这些语汇。上述做法剥夺了人权，是对人权的亵渎，但对权利的剥夺与每一个人息息相关。如果儿童被剥夺了受教育的权利，并沦为童工而遭受剥削；如果（正如在一些北非国家）少女忍受剧痛被残酷地割去生殖器，从此无法享受人类性生活的乐趣，这无论在何时何地都不能接受。**他们**若这样做，**我们**必须反对。

许多人欲采取这样的立场，但随后他们又受到一种相对主义思想——即使我们这么说，那也仅是"我们而已"——的干扰，并被这一思想征服。以上两段有关道德的论述体现了善的、自由的、西方的准则。它们被录入联合国《世界人权宣言》[①]（以下是节选，全文见附录）等法律文献中。

第一条

人人生而自由，在尊严和权利上一律平等。他们赋有理性和良心，并应以兄弟关系的精神相对待。

第二条

人人有资格享有本宣言所载的一切权利和自由，不分种族、肤色、性别、语言、宗教、政治或其他见解、国籍或社会出身、财产、出生或其他身分等任何区别。

并且不得因一人所属的国家或领土的政治的、行政的或者国际的地位之不同而有所区别，无论该领土是独立领土、托管领土、非自治领土或者处于其他任何主权受限制的情况之下。

第三条

人人有权享有生命、自由和人身安全。

① 译文来源：联合国公共资料处。

第四条

任何人不得使为奴隶或奴役；一切形式的奴隶制度和奴隶买卖，均应予以禁止。

第五条

任何人不得加以酷刑，或施以残忍的、不人道的或侮辱性的待遇或刑罚。

第六条

人人在任何地方有权被承认在法律前的人格。

第七条

法律面前人人平等，并有权享受法律的平等保护，不受任何歧视。人人有权享受平等保护，以免受违反本宣言的任何歧视行为以及煽动这种歧视的任何行为之害。

联合国《世界人权宣言》：前七条

这些条款所指向的并非仅限于我们，仅限于现在。我们若不能更好地认识到这一点，谁会相信我们而接受这些条款？多元文化论似乎背离自由主义的精神。

当然，我们可以坚持自己的标准，也可以拍桌子抗议。但是，尽管我们认为自己**只是**拍拍桌子而已，有人却会认为我们“不过”在把自己的意愿强加于人。拍桌子表明了我们的信心，但相对主义犹如坐在我们肩上的小顽童，我们堵不住他的嘴。我的一位朋友的有趣经历清楚地说明了这一点。他在一所高级伦理学研究院工作。当时该研究院主持了一场辩论会，各主流教派的代表将进行一场辩论。首先，一位佛教人士谈到如何做到平和性情、控制欲望，如何找到觉悟之路时，参与讨论者齐声说：“哇，太棒了，你能接受就好。”接着，印度教徒宣讲了出生及再生的痛苦轮回、克利须那的教诲及解脱的方式，听众再次异口同声说：“哇，太棒了，你能接受就好。”演讲继续，直至最后一位天主教神父宣讲耶稣基督的启示、救赎的誓约，以及如何实现生命的永恒。听众又一次齐声回应：“哇，太棒了，你能接受就好。”这时，他拍着桌子咆哮道：“不，不是我能否接受的问题！这是无处不在的上帝的至理名言，你们若不相信就该全部下地狱。”

他们再次齐呼：“哇，太棒了，你能接受就好。”

这个故事反映了某种不和谐现象：神父的初衷是传递排他性的权威和真理；而听众则把从神父那里听到的，看作神父用以自我满足的特定宣示。他们仅仅给予这种宣示（像前面的发言人的演讲一样）相同的包容和青睐。这里是要说明，相对主义者一旦形成思维定势，他们听到的所有东西都像其他东西一样，所有对绝对真理、至上权威、确定性或必然性的主张都是如此。相对主义者会说，那人当然是在谈论必然和真理。那只是**他的**必然和真理，专门为他量身定制的，就像他崇拜的“个人偶像”。

我们可以找到论据打破相对主义者的思维定势吗？除了拍桌子我们还能做什么？若什么都不能做，是否意味着我们就不该再拍桌子？在本书的最后，我们将回过头讨论这些问题。同时，我们还要面对两种观点。第一种观点反对如下看法：当我们以人权的名义，反对迫害不同性别、种族或信仰的人时，我们正在将狭隘的西方观念强加于人。从某方面来讲，我们说这通常不是在强行推广某种观念，而是与受压迫者联合起来，支持他们的解放事业。更重要的是，我们所支持的价值观对他人来说是否真的格格不入——这一点并不明确（在这一点上，对相互隔绝的文化的简化思维使我们感到失望：它能看到的只是**他们**和**我们**）。一般说来，统治阶级毕竟是**他们**所属社会的文化或行为方式的代言人。奴隶们不会赞扬奴隶制，女性不可能歌颂她们没有工作机会的事实，少女也不希望有人摧残她们的身体。只有婆罗门、毛拉、神父和长者才承担起为他们的文化代言的任务，其他阶层的观点则往往没有被记载。胜者书写历史。同样，正是上流社会成员为他们所处的社会地位寻找理由，社会底层的人们从来没有表达思想的机会。

第二种观点认为，相对主义一旦走向极端便成为主观主义——不是指每种文化或社会都有自己的真理，而是指每个人都有自己的真理。谁能做出正确的判断？因此，在上一节开篇，我对《新约》和《旧约》提出了一些道德上的观点。我可以想象会有人不屑："好吧！那只是你的观点。"奇怪的是，这种回答在道德辩论中司空见惯。值得注意的是，这一反应打断了讨论，而不会使讨论深入。它既不是在表示赞同，也没有提出反对意见；既没有让对方解释原因，也没有委婉地提出转移思考对象的建议。诚恳的人自然会说出自己的观点——虽然这只是在同义反复（他们还能做什么呢？）。但是，观点的提出是为了得到听众的赞同，或至少在某种程度上得到重视或认可。演讲者说："这是我的观点，下面是理由。若有相反的意见，我们最好探讨一下。"若他拒绝听众的观点，他会接着说："不，你不该这么想，因为……"看来，关于道德的讨论不像是"我喜欢冰淇淋"，"我不喜欢"，在后一种情形下不同选择无关紧要。道德讨论就像"要做这个"，"不要做那个"，在此，区别是一种分歧，而且至关紧要。

事实上，有时我们需要停止争论道德问题。当争论不出任何结果时，我们只好承认分歧的存在，但并非总是如此。有时，我们不应停止辩论；停止就是一种冒险，而我们不能冒这个风险。假如我妻子认为应该允许客人抽烟，而我认为他们不该抽烟，我们最好把这件事说透，尽力说服对方或达成妥协。否则，更麻烦的事可能会发生：引起家庭暴力或导致离婚。现实生活中，要不然就是在我们的思考中，我们都知道这种事态发展的结果。刚接受相对主义的人有时候会说，“哦，这只不过是一种观点”，有时候又会就他们关心的事情强烈支持另一种观点，如禁止狩猎、禁止活体解剖或允许人工流产。

人们往往喜欢结束道德讨论，因为一种哲学观点认为伦理学“没有事实根据”。没有证据能表明某种观点是正确的，也没有证据能使道德评价成为真理的评价。伦理学没有主题内容——这种看法具有强大的哲学背景。我们认为研究“**是**”的一面便能穷尽对世界的探究。一项创造活动只需要展示物质世界以及包括人性在内的所有其他内容即可。但是，物质世界中只有“**是**”而没有“**应该**”。因此，没有确凿证据支撑伦理学命题的正确性，我们也无法找到这种事实。我们的知觉（视觉、听觉、触觉）不能对道德事实产生反应，我们也没有检验其正确性的工具。我们只能对什么**是**真而不能对什么**应当**是真做出反应。因此，虚无主义（否认存在价值）与怀疑论（认为即使存在价值，我们也无法认识它们）同时左右了我们。

我会在第三章结束的时候再讨论这些观点。然而，无论它们多么盛行，仅仅因为它们而不去思考高尚的人或崇高事业、行事原则、人的义务等问题都是不成熟的表现。在流沙般的相对主义与冰冷死板的教条主义之间定有某种联系。

3. 利己主义

我们是相当自私的动物，甚或是绝对自私的动物。关心他人、遵纪守法或许只是虚情假意。我们或许需要揭开道德这层面纱——道德仅仅是发动机上的汽笛，而不是推动发动机的蒸汽。

我们如何判断哪些行为是出于道德之心，哪些是假借道德之名呢？让我们设想一个测试方法。从表层意义上看，通过两种相当有效的方法可以发现人们究竟关心什么。一种是直接询问他们，看他们的回答是否坦诚，答案是否可信。另一种是观察他们的行为及其意向。但这两种方法都不是绝对可靠的。人们可能故意欺骗我们；或者他们不能正确认识自己。顺便说一句，这个观点并不像人们普遍认为的那样是来自弗洛伊德。它与哲学、文学和神学息息相关，大致可追溯到人类思维的起源时期。早期有说服力的例子是希腊斯多葛学派的观点——人类所有愿望都是出于对死亡的恐惧：如果有人欲为自己竖立雕像，那是因为他在潜意识中惧怕死亡，他当然不可能意识到这一点。一直以来，基督教始终贯穿着这样的思想，即我们不能洞察，甚至不能欺瞒自己内心的真正欲望。

我们通常会通过减少犯错误的几率来避免做出错误判断。我们可以通过观察人们的所作所为判断他们所说的话。一男子标榜自己为模范父亲，并且相信自己的确如此。然而，如果他从不寻求机会或珍惜机会陪伴子女，我们将怀疑他的说法。但是，假设他的确创造了这样的机会，愉快地抓住机会，不会因为或很少因为失去其他乐趣而流露悔意，那么，毫无疑问：他真爱他的子女。在其他情形下，我们会倾向于认为他是出于掩人耳目的虚伪目的。英国政府常常向一些国家派遣维和人员，这些国家属于长期大量接受英国军火出口的一百多个国家之列。与其他国家政府一样，英国惯用花言巧语宣扬其道德责任、文明使命等以美化其政府行为。我们不难看出英国政府关心他国局势的真正目的。由此看来，人人都希望伦理学为己所用（见图3斯密尔比的作品）。

我们前面讲的慈父真心爱他的孩子吗？各种假象仍然有可能使我们做出错误的判断。现实生活和文学作品都在讲述一些故事，对这些故事可以作同一种解释。然而，另一种印象似乎挥之不去。这位模范父亲可能有惧内倾向，并深知对子女的明显关爱是其妻子所期望的。或者他可能是在担心，对子女的漠不关心会产生不良公众舆论，甚或他可能是在沽名钓誉以求仕途顺利。我们可以在同时观察其一贯言行后，仍然怀疑情况是否真如外表呈现的那样。

我们自有进一步的检验方法。假定其妻子不在身边，而他对子女的慈爱一如既往；假定他的政治生涯已告结束，而他仍是个模范父亲。那么我们就可以排除其出于惧内或某种仕途上的野心而这么做。剩下的唯一合乎情理的解释是：他爱孩子们，并乐于跟他们在一起。

19世纪和20世纪，这些简单易行的方法逐渐不再适用。正如斯多葛派所做的，人们开始尊重一种人性的大一统理论所揭示的隐藏含义和无意识含义的观念。这一观念与“解释学”相关。解释学最初的任务是发现隐藏在自然生命特征中上帝的“神迹”。例如，植物的形状说明它们可治愈何种疾病。它还要揭示隐藏于《圣经》中的类比、比喻以及看似不可能的历史传说的真实含义。今天，用解释学观点来看，所有客观事物可能都是

图3 “福斯特，这就是那堵墙。我们希望你创作一幅贴切的象征性壁画——你知道是哪一种：董事长和董事会成员统领艺术和实业之双重精神，这种精神源于勤勉之泉以收获丰硕的财富；事业心和主动性伴随着忠诚、希望、仁爱这缪斯三女神，她们将庇佑公司并激励股民的热情。”（斯密尔比的漫画）

表里不一的。所以，我们认为和平主义掩盖了侵略行径，乐于助人的愿望掩盖了对权力的向往，彬彬有礼表现了内心的轻蔑，心满意足的单身生活表现了对生儿育女的强烈欲求。或许所有一切都可归于性欲、地位、权力或死亡中的一种——解释学善于给出这种单一指向的解释。它也善于用单一回应消解任何对其单一解释的抵制：真理遭到践踏；真理被虚假意识掩盖。事实上，一个主题对任何一种明确提出的解释学解释的抵制，都可能成为衡量该主题正确性高低的一个指标。于是，观念形态开始僵化。

要做到脚踏实地，我们应该提一个问题：在合理使用这种科学有效方法所得出的判断与主观臆断之间做出区分的是什么？哲学家卡尔·波普（1902—1994）讲述了他向心理分析师阿尔弗雷德·阿德勒描述病情的过程。阿德勒在聆听其描述之后，毫不犹豫地做出诊断分析：患者担心失去性功能而产生的焦虑情绪、嫉妒父亲、有与母亲同床的愿望等等。待他讲完，波普问他是怎么知道的。阿德勒回答道："因为有上千个这样的病例了。""再加上这个新病例，我想你已经有一千零一个病例了。"按波普自己的记述，他当时这样回应。大一统理论常常不会主动接受经验考察。

讨论到这里，我们已偏离了伦理学而关注知识理论中的一般问题。我在此仅做一点进一步申明：大一统理论并不排斥敏锐的洞察力，它能将在其他理论中令人困惑的各种人类现象归纳统一。社会学家索尔斯坦·凡勃伦在他1899年所著的经典著作《有闲阶级论》中，发现大量非同寻常的现象。首先，收入可观的流动性强的工人往往乐于炫耀——一身珠光宝气，腰缠万贯，喜欢豪赌，等等；生活稳定的农场主尽管经济上完全可以承受这种生活，却从不这么做。其次，人们热衷于贬斥财富和社会地位仅次于自己的那些人的品位，远甚于贬斥那些与自己差距巨大的人群。再次，贵族更喜欢雇用身体强健的男管家或男仆，而不愿雇同样可以胜任的女性或身体残疾的男性。最后，豪华别墅前后乐于配上精心修剪的草坪或漂亮的花园。

凡勃伦将这些及其他奇特现象总结为：人们需要奢侈品以炫耀其社会地位。外来工人必须以装扮体现社会地位，他们于是有炫目的外貌。我们需要大声宣扬自己有别于比我们社会地位略低的人，因为我们有可能被误认为与他们相似。相反，我们却不那么强调自己不同于地位更低的人，因为我们不会被误认为与他们同属一级。贵族（可能很潦倒）通过雇用身体强健的仆人做简单的劳动比雇一个只能做这种工作的人干这件事，可以更好地达到炫耀的目的。于是便有了男管家和男仆。私人花园、草坪、院子也是这样，它们赏心悦目仅因为它们都是不能创造价值的装饰品（凡勃伦认为需求也决定审美判断）。他的观点被总结为“炫耀性消费”理论。事实上，这一称谓是一种误用。生活稳定的农场主就不需要进行炫耀消费；他根本没有这个必要，因为他所在乎的人都十分了解他的经济状况。

消费习惯与虚荣心或社会地位有关，这种关系比我们想象得更密切——这一论断听起来似乎有理，包括亚当·斯密（1723—1790）在内的许多思想家早就有过预期。然而，当凡勃伦更详细地阐述该观点时，我们可以用我们自己的经验来检验它的有效性。它具有一种良好科学理论所具有的特征——简单易懂，对从其他角度看零乱、孤立的行为模式给出统一分析。这一消费理论具有预见性，如它可以预见到一位生活稳定的农场主，在进城时感到的某种压力：需要用西装革履装扮自己，因为那里的人不了解他有多富裕。这一理论也可能被证明无效：我们可能遇到一些不适用这些理论的情况，此时对该理论需要相应地加以修改或摒弃。

我们并不那么偏爱大一统理论，尤其是或可被称为大一统悲观主义的理论。让我们考察一下人的行为都是出于自利这个令人沮丧的观点。这个观点的含义是含糊的，但是从表面来看它显然不正确。人们**忽视**其自身利益或**牺牲**个人利益，以实现他们关心或爱好的其他动机，这种忽视或牺牲甚至不一定是高尚的。道德学家约瑟夫·巴特勒（1692—1752）讲述了一个男子的故事：他受到了侮辱，为雪耻甘愿接受毁灭性后果。朋友们从他本人的利益出发，力图劝阻他，但无济于事。这个男子需要做的就是**多为**自身的利益着想，因此预见到雪耻带来的毁灭性后果就会阻止雪耻的念头。但是如果他的愿望是为了他人的利益，或是为了保护雨林，或为了减免第三世界的债务，他忽视或牺牲自己利益的事实就显得不那么重要了。这在他看来是形势所需，并且如果我们的判断标准与他一致，我们可能也会这么看。假如他为了实现这些目标，倾其所有，耗尽精力，他可能认为自己只是做了分内之事。

我们要防止在这一点上发生误解。读完上面一段内容，有人可能会反驳："若我们只在金钱、事业或健康方面考虑个人利益，那是人之常情。为了解决自己所关心的其他问题，人们当然也会牺牲这些利益。但是，的确存在着这样的道德行为者，其**真正**利益或全部的自利内容就是以上所谓的其他内容：雪耻、热带雨林、第三世界债务。他们本人像其他人一样自私自利。"产生误解是因为它使自利的概念失去了所有的内涵。无论道德行为者关注**什么事情**，它都与"自私自利"这个词有关。正因为如此，它丧失了预见力和解释说明的能力。出于对利益和私利的这般理解，你绝不会说："看，这个行为者不会这么做，会那么做，因为他像其他行为者一样为自己谋求私利。"你所能做的就是等着瞧这个行为者到底干了些什么，然后回顾其行为并乏味地指出这就是他的利益所在。这个行动不仅乏味而且令人生厌，因为正如巴特勒所言，这并不是人类的语言；它会使我们只能承认，当我主动让妇女儿童先上救生艇的时候，是因为我的自利，此时我的利益就在于妇女儿童而非我自己处于救生艇上。这不是我们描述该行为的方式。它似乎在用虚无主义的观点重新解释行为者，但事实上徒劳无功。

这或许有些奇怪：我们可以通过观察一些具体的事例（在这些事例中利己是真实的）看到利己主义的普遍不真实性。在这些具体案例中，关心大局的表象的确在事实上掩盖了自利。假设两人参加慈善机构的捐助活动，这个慈善机构却滋生腐败，捐赠没有到达饥饿的穷人而是落到了机构管理层。又假设听到这个消息，第一个人感到愤愤不平，最令他怒不可遏的倒不是这个慈善机构的管理层，而是提供消息的人激怒了他（"为什么要提起此事？我情愿不知真相"），而第二个人对管理层的做法本身感到愤慨。我们可以合理地认为第一位更多地关心他自己平静的心态，或他慷慨的名誉和声望，而非那些饥饿的人。第二位则更真诚地关心世间实际发生的事，而不是他自己的心理感受或他人对自己的看法。

幸运的是，我们大多数人不像第一位，或并不总是像他。我们可能对管理层表示愤怒，就像我们对身边的许多事情感到愤怒一样。把怒气指向让我们了解真相的人，不是我们的一贯作风；我们希望了解真相，因为它与我们相关。

4. 进化理论

当前普遍存在一个模糊认识：进化论、生物学和神经学的某种联合将为大一统悲观主义提供基础。事实上，书店里伦理学的通俗书籍多划归两类，一类是心灵鸡汤，它们是提高士气、甜蜜可口的安慰剂。另一类是由某个生命科学家——神经学家、生物学家、动物行为学家或进化论专家——创作的作品，他们迫不及待地传递这样的信息："科学"已表明我们或多或少地统属一类。我们再一次被揭下面具：人类是"被程序化的"。我们是利己主义者，利他主义并不存在。道德只是老谋深算的遮羞布，我们的角色已被限定：女人哺育了人类，而男人是强奸犯，我们最关心的是自己的基因。这类观点使我们喜忧参半，喜的是我们对自我解释有极大的兴趣，我们渴望发现那些使我们得以理解和控制自身的行为方式；忧的是我们将视任何一个穿白大褂的人为权威，即使科学不复存在（因为我们将会看到，对科学意义的讨论不是对科学的讨论）。

只有努力辨明三种混乱思想，我们才能开始大胆研究这一理论。第一个混乱思想是，解释我们是如何成为我们自己的，这是一回事；声称我们并非自己想象的那样，这又是另一回事。两者非常容易混淆。譬如，假设进化论告诉我们母爱是一种适应性行为，这意味着母爱已经被"选中"，因为具有母爱的动物比不具有母爱的动物更能够繁殖和传播它们的基因物质。有兴趣的话，我们可以想象一种"母爱基因"。于是会得出这样一个命题：与那些只有等位基因（与母爱基因编码不符）的动物相比，有母爱基因的动物能够或已经进化得更为成功（这大概是一个过于简单的命题，但这是一个典型例子）。混乱就出在这里：我们会得出结论说，**所以**，根本没有母爱这种东西——我们揭掉了这个面具！混乱在于我们会得出结论，认为人类只是更关心如何成功地传播遗传基因。

这一结论不仅与出发点不相符，而且事实上还与之相抵触。出发点是“母爱存在，这就是原因”；结论则是母爱不存在。

换句话说，关于某种特性——如母爱——的基因功能的进化论理论，不论是否合理，绝不可与揭示母性“关爱之真相”的心理学理论混为一谈。我们养育子女，不该教他们长大后冲我们来一句：“你并不真正在乎我，你只在乎你的基因。”也许没有人会犯如此严重的错误。但是，我们可以思考一下“互惠利他主义”的观点。博弈论专家和生物学家发现：动物也会经常互相帮助，即使不主动帮助其他动物对自己更有利。他们提出了一个相当中肯的问题：这种行为是如何进化而来的，既然从表面看来，动物们很容易采取一种更自私的行为方式？答案是（或可能是），目前为止，它可能是一种适应性进化，因为该行为从受助动物或从其他目睹行为过程的动物那里引发了互惠互助行动。也就是说，我们看到了动物之间的“你帮我，我帮你”。

这样的解释应该无懈可击，它或许说明了我们遗传利他倾向的理由。然而，当推理出利他主义并不**真正**存在，或我们不会**真正**坦荡无私地相互关心——我们只希望最大限度地扩大机会，从助人的行为投资中获得回报时，第二种混乱思想就产生了。我们犯了同样的错误——由于其所做的官能性解释，我们推断出心里的真正动机就是其表现出来的那样——但是这个推论比关于母爱的推论更容易形成，因为我们担心前者的推论往往是正确的。确有看似利他主义而实为求取长远利益的事例。当然，也有相反的事例，用上一节中提到的方法，我们可以看到

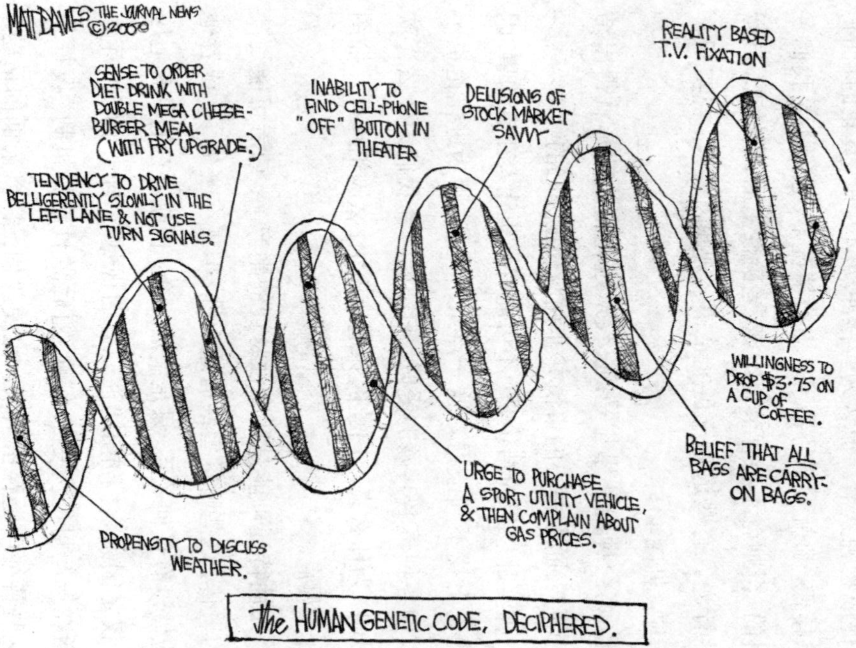

图4　《被破解的人类遗传密码》，马特·戴维斯（按黑点所在位置，图中文字从左至右依次为：有谈论天气的倾向；故意在左车道缓慢行驶，而且不开转弯指示灯的倾向；点减肥饮品和巨无霸双层芝士汉堡外加超大份薯条的意识；在剧场找不到手机关机键；渴望买越野车，然后又抱怨油价高；误以为了解股市；相信所有的箱包都可随身携带；对实况转播节目表现出极大兴趣；情愿花3.75美元买一杯咖啡）

其不同之处。开车人给身无分文的搭车人捎上一程；就餐者给一个他明知永远不可能再见的服务生小费——他们这样做的时候并没有旁观者。

为了避免这个错误，请思考一下性欲。按推测，它具有适应功能，即促成物种繁衍。但认为有性冲动的人其“真正的目的”是想传宗接代，那就大错特错了。多数情况下，它绝不是我们多数人的目的，否则就不会有节育措施、老龄性生活、同性恋、自慰及其他性行为。有些道德家可能希望客观事实相反，现实却不能如其所愿（见图4）。

因此，第一种混乱思想是：仅仅从进化论的解释就得出结论，认为我们表面上关心的事情并非我们真正关心的。

第二种混乱思想的结论是：不可能有真正让人在意的事，因为从进化论上找不到证据。这一点站不住脚，因为进化论也不能解释我们各种莫名其妙的爱好：它不能解释我们为什么喜欢听鸟儿啾鸣，为什么喜欢肉桂的味道，或为什么脚怕痒痒。插图可说明这一观点。

这些人性特征可能是适应性特征的副产品；或者可能是某些特征的遗传，这些特征曾经有适应性，但现在丧失了；或者他们与适应性没有任何关系，只是偶然巧合；也或者它们具有适应性，但仅仅是因为它们冲击“注视者的视觉”：与一个脚怕痒痒的人生活在一起可能会更加有趣，随后，“性选择机制”发挥作用使得这些特征广泛存留下来。这使我们又回到前面的话题：为什么我们有某种喜好和偏爱，或许它只是客观存在而已。雌孔雀喜欢追求雄孔雀那硕大、艳丽但有明显机能障碍的尾巴，雌性爱尔兰麋鹿喜欢长着大鹿角的稳健的雄鹿。很难看出其中的原因，并且这个问题可能不符合为某些目的进行性选择的解释。

例如，如果我们发现人类对艺术、音乐的爱好令人费解，因为我们未能发现其中存在有助生存的作用，那么这一点并不能直接说明为什么女性更喜欢具有艺术家和音乐家气质的男子，因为我们也不能发现由于女子的爱慕而产生的生存机会。这就意味着需要提供进一步的解释，这种解释可能是：女性认为艺术家和音乐家的气质预示着**其他**生存机会，如勤劳或机敏（孔雀华丽的尾部象征健康，麋鹿的鹿角表现其力量）。或者，需要假定一只"颤抖的手"，即进化过程中的一次突变，如基因的突变，这种突变有利于生物本身。

我们可能有的第三种混乱思想是用心理学理论解释自然现象，尤其是解释人类基因，再回过头来解释有这种基因的人。这种错误最典型的例子出现在理查德·道金斯的《自私的基因》一书中，该书描述了基因的可复制性，以及基因在不同环境下不同的复制几率。作者用"自私的基因"作比喻，认为它们在从事一场残酷的竞争以击败其他基因。所以，人类本身一定是绝对自私的动物，因为人是承载这些基因的唯一合适的心理载体。或者至少可以说，如果我们不具有自私品质，那是由于奇迹的出现，使我们战胜了自私基因造成的压力。道金斯此后驳斥了这种观点，但该观点却保持了自身的生命力。

陈述这一系列观点是为了说明这是无稽之谈。基因并不自私——它们仅在不同的环境下有不同的复制几率。如果携带这些基因的人无私、利他、坚守原则，它们自然表现良好——这一点不难看出。一个由无私、高尚、坚守原则的人组成的社会注定比没有这些特征、"一切人反对一切人"的社会更好。此外，实现人类繁荣很大程度上由社会环境所决定，在这个社会环境中，我们成为彼此眼中的成功者。由此，一条类似性选择的原则出现了：如果这些就是我们所崇尚的、彼此身上所拥有的品质，那么它们不仅会推动整个社会成功，而且会促进每个具有这些品质的个人成功。我们十分尊重这些品质。第17节中我们将看到更多善的品质与良好生活之间的联系。

5. 决定论与无用论

许多人认为，威胁伦理学的另一生命科学理论是决定论。他们的意思是，既然“所有的一切都取决于基因”，伦理学方面的探究便是无望的。在事实上推动人类行为的一系列动机，不可能像大一统理论解释的那么简单，但是动机可能是固定的。于是，我们只是以程序化的方式在行事。怨声载道或心存遗憾都无济于事，因为我们不能违背规律。

这就引出了复杂的自由意志问题。在此，我想分析这一问题的一种具体观点，这一观点用我们的基因结构来暗示伦理学的无用，特别是道德劝善、道德教育或道德体验的无用。这一理论对伦理学的威胁是，它使我们沮丧地认识到人类的本质：人类是由自身无法控制的基因指令生成的大型哺乳动物。

道德方面的努力可能令人失望，因为它试图改变我们颠扑不破的本性。对蓄长发的禁令可以强制执行（比如在军队或警察部队），而完全禁止长头发的命令却根本不可行，因为我们的机能使之生长。禁止饥渴的命令也是无用的，因为我们不能人为控制它们。有的命令就没有如此简单明了。设想某个修道院发布禁欲令，不仅要求保护贞节，还禁止产生性欲，这个规定大概也是徒劳。它不能执行，因为我们不能决定何时产生性欲。在理所当然的时间，体内激素活动使性欲膨胀（情欲是早期基督教道德家恐惧的东西，正是因为它有“叛逆”或自发的本性）。

化学指令被依照基因进行编码。目前确有前沿技术可以控制基因编码，比如瑜伽疗法、生物反馈技术或药物干预。但对大部分年轻人来说，命令其摆脱性欲在多数情况下是徒劳的。并不是说这个命令没有丝毫作用，其作用只会是使那些不能遵守这条禁令的人感到愧疚不安；这一点甚至会成为这种禁令的签发目的，因为它加重了他们面对发号施令者时的卑躬屈膝。它提高了教会或父母的权威，使受其庇护的人心中充满罪恶感或耻辱感。而这个禁令是彻底无效的，因为它无法执行。人们因此产生疑问：由于基因决定论，所有规定都同样无效吗？

答案是否定的，因为无论基因结构如何把我们的行为程序化，我们所称的“输入反应能力”仍有生存空间。基因结构足以让我们对所听、所感、所触、所见产生各种不同的行为反应（否则人就根本不必拥有这些感官）。它使我们能够根据所掌握的知识调整欲望（譬如，发现杯子里盛着硫酸，我便失去痛饮的欲望，而当我认为是一杯杜松子酒时，顿时想一饮而尽）。它使我们有可能受他人观念和态度的影响。换句话说，由于基因结构的作用，我们对道德环境有所反应。

如果不排斥悖论式的表述，我们可以这么说：基因把我们设定得灵活多变。事实上不存在什么悖论，即使是一个没有生命的程序化构造也可以具有灵活多变性。象棋程序的设计可根据对手的棋路有不同的反应，这就是输入反应。人与生俱来的特征（如头发的生长）不是输入反应，因为无论我们的信仰、欲望或态度如何，这些特征一成不变。而我们的许多信仰、欲望和态度却不是如此，它们有无限的可塑性，可以随着客观环境（包括我们周围的道德环境）的改变而变化。

我们在某一特定方面有多大的可塑性，这是一个经验问题。

以语言为例，许多专家认为儿童学习语言的特殊天分要求大脑中有一块灵敏的精密“模板”或结构。其功能不在于习得英语、德语或拉丁语（因为每个孩子都能学会任何一种语言），而在于习得伴随他成长的任何一种语言，即他的母语，幸运的话这种母语还不止一种。证据表明，随着时间的推移，这种可塑性将逐渐丧失。十二岁以后的人学语言，几乎不可能像说母语那么流利。人的语言反应能力将逐渐减弱或消失。我们不再善于模仿输入的东西，不再善于适应我们听到的语言的语法。

因此，所有遗传学理论告诉我们，在爱的环境中长大的孩子，倾向于成为充满爱心的善良人；在凶恶、好斗的环境中成长的孩子就阴险、好斗；而在知识和音乐的熏陶中成长的孩子会知书达理，具有音乐家气质。反之，这些倾向有可能相应地被其他有影响力的特征替代。这点有待我们进一步观察。

我们很可能发现自己在人生的某些阶段比在其他阶段接受能力更强，而后接受能力相应僵化，就像学习语言。如果情况真是这样，我们所要做的就远不是忽视道德环境的重要性。通过以上对决定论的探究，道德环境被推到了首要位置。如果现实情形是，一旦我们身处暴力、战争、受管制和受压迫、麻木不仁、多愁善感的环境中——正如电视上每天出现的，我们将永远或者几乎是永远不可能摆脱其影响，那么道德环境就该居于首要位置。

除决定论外，还有无用论的威胁。无用论认为人生徒劳无益，我将在第10节讨论这一点。

6. 非理性指令

我已经为关于人类本性的温和乐观主义做了辩护，至少反驳了已经讨论过的大一统理论，也就是我们所说的大一统悲观主义。但我们必须实事求是，不能对自己以及他人苛求太多。

然而，问题在于正是伦理道德对人自身和他人要求过于苛刻，并且这种要求是伦理学的核心内容。于是我们常常听到这样的语言："理论上切实可行，但实践中寸步难行。"如康德所言，这是"以高傲的口吻，怀揣无礼僭越之妄，以图用经验来重改理性"。康德发现，它将"执迷于经验的模糊、昏花的鼠眼"与"属于被造就的屹然而立的存在并朝向天国的眼睛"相比较，这点尤其令他感到不快。

然而，非理性指令的威胁却实实在在，我们可以设想它的几种表现形式。第一种表现：以一系列简单、抽象的规范为核心内容的道德。其中一条规定可能是"不许说谎"。现在当我们思考这条规范的本质时，我们当然倾向于持赞成态度。我们不应该滥用他人对我们的信任，一个主观恶意的无耻谎言将亵渎这种信任。但是，现实中也有其他情形。我们有被社会广泛接受的、可原谅的善意谎言。有说给与此事无关的人的谎言，因为他们与此无关，所以没有权利了解事情的真相。有无奈的谎言，因为说实话可能引起灾难性后果（典型的事例是当一个手持利斧的疯子问你的孩子在哪睡觉时，你对他撒的谎）。有些谎言是出于更重要的考虑（在飞机上说"我们很安全"这句话可能不是事实，但这比说"我们遇难的可能性不大"更能使机上乘客保持镇静）。还有一种谎言，我们在绝望中说来以自我宽慰和宽慰他人（"亲爱的，肿瘤不是恶性的"）。

以康德为首的一些哲学家，大胆面对这个棘手的问题，对这类谎言甚至都加以制止。康德道德学说的核心是简单而决绝地反对说谎，绝无例外。假设我们同意他的观点，一个社会成员、一位母亲（当她面对手持利斧的疯子的时候）、一名机长（当他必须安慰乘客时）所做的完全理智的回答将是："去他的！如果道德要求我**说实话**，我选择退出。"

第二种表现：可能引起反感的教条的伦理道德。许多伦理理论强调道德观点的**公平性**、**普遍性**。这种观点要求对所有人都一视同仁：每个人所得均等。除非有其他考虑因素，否则从道德上看"我应拥有的东西，你不该拥有"并不比"你应该拥有的东西，我不该拥有"的说法更站得住脚。如果穷人忍饥挨饿，而富人尽享奢华，那么道德将要求他分割财富：饥饿的人更需要金钱。穷人的饥饿状况要求富人重新分配财富。宣传这种观点容易，但实施起来绝非易事。酒足饭饱的牧师宣讲乐善好施，甚至一些生活更富足的学者还大声疾呼：除非我们制订一套自愿或强制重新平均分配蛋糕的计划，使每个人生活在贫困水平以上，否则就不能实现正义。在这种种声音之后，事实上存在着荒唐之处。即使我们接受道德对我们这样的要求，我们的反应很自然又将是一笑了之。这种道德要求不现实、不符合实际，我们可以置之不理。

我不认为我们很容易对坚决不说谎或履行慈善义务持始终如一的态度。但我坚信一旦**绝对**要求成为伦理道德的基础，肯定是哪里出问题了。伦理道德的基本原则必须是那些我们可以**合理地**彼此要求的内容。狂热者的极端要求或者圣者的钢毛衬衣[1]显得遥不可及。即使不情愿甚至是无力追随他们的观点，我们还是要遵循一系列准则。我们仍想对理性的合理要求做出反应。我们或许不能解决世界上的所有问题，但我们应该竭尽全

① 苦行僧自我牺牲的象征。

力解决那些可以解决的问题。因此，正确的反应应该是寻求那些切实可行、在所做要求方面注意限度的道德准则。遵守更为严格的道德原则或许是崇高与可敬的，但那不是针对我们普通人的**要求**。专业地讲，那是超义务行为。

第三种表现是以所谓"肮脏之手"的借口来逃避行为操守的严格要求。为不同的政权生产武器或向其出售电牛杆是一件卑鄙的事情。而制造商（或政府）则声称：即使他们不这么做，别人也会这么做。他们因而得到订单并从中获益。既然照样有人制造武器和电牛杆，我们为什么要将自己的利益拱手让给我们的对手呢？道德家笔直地站着，仰视天空，却与市场需求隔着重重帐幕。道德是个好东西，但我们也许负担不起。至少，蠢笨的鼹鼠也要生存。

不仅对康德，而且对我们大多数人来说，以上提到的观点中给出的借口都显得有几分卑劣。我们知道自己应该洁身自好，无论别人把他们的手搞得多么脏。无论这个借口多么冠冕堂皇，一个严格自律、正直的人自不会加以利用。在许多情况下，保持自己的双手干净是可以做到的，并不属于超义务。

7. 错觉

在第3、第4节中，我们讨论过大一统悲观主义；它企图揭开真正驱使人类行动的无意识动机，这些动机使得道德关切仅仅是发动机上的汽笛。我们反对这些主张。但是，即使道德活动主体的动机真诚无邪，道德的社会作用是否被玷污这一点仍无定论，因为道德活动主体是社会人，而社会体制的本质也许并不像它表现的那样。

例如，一位女性主义者批评某位男士的行为，因为该男子为随后而来的女士扶住一扇打开的门，或主动帮她拿东西、给她让座位。这位女性主义者认为他的行为冒犯了自己。她不会说这个男子是有意贬低女士，但她认为这个行为是某种“制度”或“行为方式”的一部分。这种“制度”或“行为方式”所传达的实际信号即女性更弱，需要男性的庇护。并且，这个发现令她恼羞成怒。当然，该男子反过来也会认为她的抵触情绪令人生厌，因此开始了关于政治正确性的战争和性别战争。

该女性主义者可以引用前文探讨过的某种解释学理论，声称该男子在无意识中贬低了女性。然而，她大可不必展开个体心理研究。她只需阐明，是隐藏于社会体制中的一整套行为模式使该男子做了他该做的。在这个社会制度的作用下，女性受到贬低。这足以让她的批评有充分的理由。

我们还可以从下面的情形看看此类批评的另一实例。设想一名虔诚的牧师因为其教区居民的罪过而深感不安。他认为他们行为不轨，为他们的灵魂而忧虑。他的心思都放在他们身上。他的行为至此无可挑剔，但尽管如此，他却可能是一个更具险恶作用的体制的组成部分。培养他的教会或许是一个只谋求自身权力的机构，并且正如我们已经提及的，它影响人们的羞耻心、负罪感，充当着权力的工具。当任人摆布、恭顺温和的牧师自觉或不自觉地没有觉察它的这种作用时，这种工具最为有效。

因此，评论家可能会说，伦理（我认为应该是作为学说的“伦理学”）作为一种知识体系，其真正作用并非我们表面所看到的。一位女性主义者可以将它看作家长式专制手段；马克思主义者将它视为阶级压迫的工具；尼采的追随者可能将伦理道德视为胆小怕事、软弱无能的人为其本应把握却无法把握的生活所找到的慰藉；一位法国当代哲学家，如米歇尔·福柯则可能将它视为传播和实践统治势力的工具。

这些批评揭示了不少真相。我们在某些特定的时空范围内思考道德的地域性，无疑需要接受此类批评的检验。富人捍卫自由市场的热情会引起人们的非难。无论是否披着前文所述的宗教外衣，那种赋权**我们**侵占**他人**的土地，或赋权杀死**那些**有不同风俗习惯的人的道德观，也应受到同样的剖析和评价。因为，宗教体系、种姓制度和市场制度的践行者们，可能完全看不到这些体系和制度的自利本性。

同样，当道德介入人们的生活领域时，其方式也有令人不快之处。法官、神父或社会贤达会告诉人们必须做什么，而他们却不必承担这样做的后果。如果少女不得接受人工流产，或患者家人不得协助其实施安乐死，他们还是要自己收拾残局，发号施令者则从容地全身而退。即使是一条公正的道德律也可能对不同的人造成不公平的后果，因此就不奇怪人们为何不迷信那些由自身并不践行的人提出来的道德了。阿纳托尔·法朗士曾讥讽神圣的法律平等，这种平等禁止所有的人（穷人及富人）借宿桥下、沿街乞讨及偷食面包。

我们很可能完全赞同这类批评，但我认为这种批评不可能被推衍进而涵盖伦理学的所有内容。原因很简单：我们前面说过，对人而言，没有生活准则就没有生活。这里的意思是说道德伦理（ethics）不是伦理学（Ethics）：它不是具有本该被揭露出来的阴险目的的机构或组织，也不是“社会”、“体制”或“家长制”的共同阴谋。我们有必要质疑一些机构，如教会或政府的性质和作用，因为它们的确有可能企图控制我们的道德标准。但是那最多也只是一套**不同的**道德体系，它不会，也不可能消灭现有道德体系。

为了摆脱资产阶级道德观的限制和约束，生活中常常出现“自由生活”运动。首先，它往往追求自由恋爱——这是一些年轻人最自然不过的意愿。（记得我在大一时曾参加一个社团，它取了一个放荡不羁的名字，叫“理论上不讲道德的人”。令人失望的是，其成员都是男性，它毕竟仍是理论上的。）然而“自由生活”运动的倡导者面临着两难选择。要么制定关于诚实、隐私、个人空间、物料使用、值班表等的标准，最终很容易纳入财产权以及与两性关系相关的权利；要么解散社团。如果情形是制定规则维护社团的存在（这在小说中比现实生活中更常见），灾难将不可避免。

生活准则的核心内容起着实实在在并且可能是不为人知的作用。一个普通人可能会对违背承诺感到诧异，但也仅此而已，他们不必去进一步反思信守承诺的意义。但是，一旦他们的确进行反思，承诺这种“机制”的意义就将浮现出来。通过做出承诺，我们彼此之间对对方的下一步行为有了预期，共同的事业由此得以发展。这一点值得我们引以为豪；不满足这一点，就无法实现着眼于统一行动的弹性计划。这里描述生活准则的隐蔽作用，目的不是“揭穿”或解构它；如果有什么目的，那也是为了鼓励人们尊重守信的准则。这表明，信守承诺不只是我们资产阶级的一种怪癖，或者用我喜欢的话说，这不是给信守承诺提供了批判性的解释，而是提供了支持性的解释。

对于道德的其他主要内容，人们甚至连这样的解释都没有做。与做出承诺的方式相比，这些内容更不属于人类的创设。对恩人的感激之情，对陷入困境的人的同情之心，对以制造痛苦、引起麻烦为乐之人的厌恶，这些都是油然而生的积极情感。几乎所有道德体系都赞扬这种情感。显而易见，它们是我们多数人的人性特征，也是我们所有人高尚的一面。它们不是老谋深算的结果，犹如对美食的享受和对死亡的恐惧也不是。它们决定着我们的生活方式和目标，以及我们所期待的他人的生活方式。尼采曾试图“解构”仁慈情感，将其斥为软弱、奴性或有悖生命力，但这种解释是没有说服力也是令人不快的。这是海明威式的男子汉作风——将善良人的同情心视为懦弱。

生活中可能还有其他威胁道德的因素存在，比如运气。假设两人开车在同一条路上行驶，他们都同样表现出轻度的心不在焉；其中一人平安到达目的地，而另一个人则撞死了车前突然跑出来的儿童。由于运气各异，我们对他们的看法、他们对自己的看法，甚至社会和法律所施加的惩罚，都受到了影响。运气有可能比品德对生活的影响更大。奇怪的是，人们却不愿意承认这一点。我们无休无止地承担责任，就如原罪论所述。我们仿佛更愿意承担罪名而不愿意遭受厄运。

另一方面，尽管根据当今的道德规范，我们过着善良、令人羡慕的生活，但是我们仍担心如果世道艰难，我们也会与庸人同流合污。如果说我们能够坚守道德规范，这可能是因为我们从未受到过足够大的诱惑，感受到足够强烈的恐惧，或被置于足以让人发狂的匮乏境地。我们也可能惧怕人心中不息的邪恶。我们知道事业成就和人生磨难都不能造就高尚品德。在这种意绪下，我们可能无情地去作恶于人。但是我们不应该向这种意绪屈服，而应该想到，我们能够解决问题。

第二章

种种道德观念

在第一章，我们澄清了质疑伦理学的一些观点。关于相对主义、虚无主义和怀疑论的潜在威胁，还有更多需要说明。然而，我要暂将笔锋转向一些需要我们思考的内容。伦理道德将塑造我们对出生与死亡等重大问题的态度，继而决定我们以后的人生观和价值观；它还浓缩了我们对人性和幸福的认识，揭示良善的人类生活意味着什么。它还会描述欲望、自由以及获得我们在日常生活中需要的机会和权力的权利。这些概念没有一种是易于把握的，有些还容易混淆不清。

8. 出生

自古以来，我们只有几种方法控制出生人口的数量和性别。在某种程度上，我们可以通过控制谁与谁结成配偶来控制基因——直接通过社会对婚姻的安排以及相关规范。我们可以采取节育或者是堕胎措施来控制出生人口的数量。通过杀婴或选择性的培育方式，我们还可以决定哪些新生儿可以长大成人。这一问题实际上远比我们意识到的更为严重。根据诺贝尔奖获得者、经济学家阿玛蒂亚·森的统计，全球共计有逾一亿的“失踪女性”。也就是说，发达国家以及撒哈拉南部非洲地区的出生率统计都表明，女性人数应比男性人数略多。而事实上，女性人数比我们预期的少了一亿。其中在印度少了三千七百万。对于妇女而言，造成这种世界上最大公正问题的原因除故意杀婴外，还包括医疗条件和生存环境方面的不平等。

当我们采取任何上述措施时，我们便干涉了那些本该发生的事情，也就是说我们扰乱了自然本性。如果正如有人指出的，“扰乱自然本性”即是在“扮演上帝”，因此是错误的行为，那么我们确实是一直在扮演上帝。但是，结果却没有看起来那么严重。按照那种观念，当我们撑开雨伞，破坏了天要下雨将我们淋湿的自然规律也同样是扮演上帝了。作为人，我们注定要试图与大自然相对抗，让本不会发生的事发生，或阻止本应发生的事。对扮演上帝的指控并不具有**独立的**力量。也就是说，只有当某行为触犯他们时，人们才提出指责。如果我们坚信某种自然进程绝不应该受到干扰，或者坚信肆意干涉是冒险行为或极端行为，当有人一意孤行时，我们会大声疾呼，表达我们的忧虑。麻醉学创立时，道德学家就不满地认为那是不谦恭的，是在扮演上帝。转基因作物在今天引起了同样激烈的讨论。关键问题是人们的不安与担忧是否有充分理由。我们大都不同意对麻醉技术的指责，而针对转基因作物的辩论，最后结论还未见分晓。

随着人类控制技术的提高，对如何使用这些技术的讨论也会日益增多。尤其是基因控制问题，它背负着一个邪恶的历史包袱：“优生”运动，以及与之相关的种族优越、种族净化论，更不要提关于可遗传性的简单化科学。随着科学逐步破解基因密码，优生学似乎势必会卷土重来，拓展弗兰肯斯坦式的视野，即设计可从基因零件商店订购的人类。但是至少，这样的视野目前尚不成熟。在第一章，我们已经看到了某种程度的可塑性原则。有人甚至幻想克隆一个长着小胡子、有着法西斯野心的希特勒；这种想法忽视了希特勒的基因结构在不同环境下将会形成一个截然不同的人这一事实。或者即便不是**截然**不同，也不知道到底哪些有趣的特征——肯定不说德语，热衷于种族主义思想，对政治怀有兴趣——会恰好保存下来。

基因组知识引发了决定论、统治和权力问题，这些问题不那么具有天启色彩，虽然对一些人而言相当令人不安。如果体检可以查出胎儿有遗传病基因，这个检查要做吗？它可以成为堕胎的理由吗？如果携带这种基因的患儿需要耗费大量财力、物力才能存活，它能成为强制堕胎的理由吗？我们很难抽象地回答这些问题，我们能做的是解决当前在这个领域已无法回避、明显引起许多不安的问题：堕胎本身的问题。

关于以堕胎强制终止妊娠的辩论时有发生，这本小书无法探讨此类辩论涵盖的所有范围。我仅能说明哲学问题及哲学方法对以上辩论造成冲突的几种途径。我尤其想说明的是，有关问题的广播（或电视）辩论如何掩盖这些问题或忽视堕胎的必要性。

公开辩论经常会演变成一种非此即彼式的问题，要么完全正确，要么彻底错误。你要么赞成生命，要么赞成人工选择。你要么赞成未出生者的生命权，要么支持女性对自己身体的主控权。第一个恰当的哲学问题是：非此即彼是否可能就是一种幻觉。它可能是把道德镜放在不同的灰色阴影前所投出的黑白色差。毕竟，胎儿发育的生物学事实是个渐进过程。最初的单一细胞或受精卵与即将出生的婴儿有本质上的区别。但是，随着每小时、每天的时间流逝，它渐渐变得复杂起来。

女性要求堕胎**差不多**都有着迫切而不得已的原因：一个遭受强暴的贫困无力而又心怀恐惧的十四岁少女，有别于为把生育期推到滑雪季节之后而采取堕胎的社交名媛，也不同于因胎儿性别鉴定结果是女婴而要求堕胎的女子。

如果仅仅是想找到针对堕胎的正确态度，我们可以采用渐进主义的观点。我们大多数人都会认为，因为滑雪而要求堕胎的女子和一个经历孕后期自然流产却麻木不仁的准妈妈无情。当然，她可能说，此事与我们毫不相干，毕竟她可能有不为人知的担心和需求。在类似情况下，我们可能不想过于武断，但仍可以看到有一些理由比其他理由更加充分。也许对许多人，尤其是民主、自由的欧洲国家的人来说，公正、包容的渐进主义因而是解决问题之道。但是在许多文化里，包括美国文化，人们以两种方式解决这个问题。

首先，堕胎成为道德问题，它不仅体现人们的同情和关注——同情和关注都认可渐进过程，还体现**权利**归属问题、**正义**对人的要求或**责任**的问题；成了关于什么是**允许的**，什么是**错误的**问题。这些被称为“义务论”观念，源自希腊语deontos，意为“责任”。责任具有强制的一面，它让人超越敬慕、悔意、喜好，甚至超越我们对他人喜好的期待；责任还让我们思考什么是**正当的**，让我们发出要求。

其次，堕胎常被政治化，演变成为法律问题。这就向前迈出了一步，因为并非所有错误行为都是犯罪行为。法律能在多大程度上对其进行干预，这是政治问题，并且最终是道德问题。事实上，在一个社会中，法律在多大程度上允许实施、体验、思考不道德的内容，这是该社会的道德标尺之一。因此，即使我们认为有一种堕胎措施不能实施，是否将该行为定罪仍值得商榷。尽管理想社会不允许堕胎，但是法律不能禁止和惩罚每件与理想社会相左的事情。即使人们反对酗酒，他们也深知将酗酒定罪（如20世纪20年代美国所做的）绝非上策。

谈到堕胎，我们往往立场鲜明，合情合理地将该行为视为类似于谋杀。按照这种观点，胎儿是人，理应享有人拥有的所有权利和保护。因此，堕胎的确是义务论问题，也是法律问题。但是，真是这样吗？

毫无疑问，胎儿是一条潜在生命。而“潜在”一词是个危险词汇。一朵黄花是鲜花的一种，然而，橡籽虽然可能长成橡树，本身却并非一棵橡树。我的汽车可能成为废铁，而它现在并不是一堆废铁，任何人都不能因为它有这种潜在可能性而把它当成废铁。

胎儿真的不仅是潜在的人，而且其本身就是一个真实的人？这表达是什么意思？一种可能性是，在将胎儿视为人的过程中，“人”这个词本身就暗含了一种道德范畴，所以通过坚称胎儿是人来反对将堕胎合法化只不过是在自我重复。通过问题被提出的那个词语，道德结论通常以这种方式被**预设**。如此说来，是人就必须被当作人来对待，并被当作人来加以保护。然而，胎儿是否是人正是问题的关键。很早以前，古希腊历史学家修昔底德（前455—前400）就已注意到通过对用词的选择来预设道德结论的做法。在古希腊的一次国内战争时期，他写道：

> 为了适应形势的发展，词语也应该改变其原有的意义。一度被认为是鲁莽的挑衅行为现在被认为是一种人们希望能够在同伴身上发现的勇敢行为；充满忧患意识和寄希望

于未来只是懦夫的做法；关于节制的任何想法都被认为是在掩饰一个人缺乏男子汉气概；具有从各个方面理解问题的能力意味着他不具备行动能力。

话题回到堕胎问题。我们应该同样看到，女子在T恤上印制标语，宣告对其身体的主控权，在另一方面回避了问题的症结：他人对我们身体的依赖在很大程度上决定着我们如何控制自己的身体。所以，如果胎儿是人，女性的身体主控权就应受到限制。若杀人犯在身边徘徊，我必须放弃说话的一般性权利，因为任何一丝声响都会招来杀身之祸。

我们将在第15节中看到，权利本身即具有欺骗性。在参与这场辩论的一篇著名论文中，朱迪思·贾维斯·汤姆森引用了一个类比手法描述孕妇的处境：一女子一觉醒来，却发觉一个人被塞入自己体内，这个闯入者依赖自己存活。汤姆森声称，这个依赖者的“生命权”不包括对他人提出的无限要求，比如要求供养者一如既往地坚持供养。这个比喻的有效性虽遭到挑战，但是从此明确划分了两种权利：生命权和为了维持生命必须占有他人时间、体力或精力的权利。

假如试图寻找由胎儿到人不断增长的特征，我们会在不同时期发现这些特征。我们可能会留心大脑逐步发育成熟的迹象、留心表达消极情绪或像人一样用动作表达痛苦的能力。然而，胎儿不是有计划、有目的、带着恐惧、能够记忆或有自我意识的主体。这些表现何时构成某些成人的后天特征似乎没有原则性界限。胎儿，以及婴儿，只是**越来越**像人了。它是逐渐地一步步发育成熟的。

现在应该当心的是如下不利辩词：如果没有严格的界限，我们必须把界限规定在**这里**，即怀孕之时。或者你出于维护女性身体主控权而站在女性一方，那就限定**那里**，即分娩之时。这种想法的着眼点在于，把界限划在其他任何地方都总有一处呈现“滑坡”。倘若你指出五个月后的堕胎是谋杀，四个月又三个星期为什么就不是？四个月又两星期呢？六个月呢？

人们需要在这个问题及其他所有问题上抵制“滑坡论”推理。举个所谓“连锁推理悖论”中秃子的例子。没有头发的人叫秃子，植一根头发后他绝对仍是秃子。那么（继续下去，每次植一根），头上有数以百万计头发的便仍是秃子。这个推理显然是错误的！此人恰恰不是秃子了。这个悖论虽然锻炼了逻辑学家，在道德和法律背景下却显得微不足道，没有任何说服力。考察一下道路限速的情形。我们制定法规明确了最高时速，如每小时三十英里。我们不能肯定每小时二十九英里就总是安全的，而每小时三十一英里就不安全。但是，我们不愿听到有人说：“没有具体标准，所以我们无法限速。”我们同样不愿听到连锁推理将时速无限扩大或缩小为零。因此，如果我们认为堕胎问题的确需要用道德观点和政治观点来分析，就没有东西可以阻挠我们限定不能堕胎的那段孕期。它不会有一个坚实的形而上学基础，但是或许和限速一样，它本来就不需要有。

回到胎儿是否是人这个问题，设想一下自然流产现象。自然流产并不罕见。在怀孕初期自然流产相当正常，尤其最初几天可能更常见，因为这几天流产不易被发觉。由于对怀孕寄予的各种希望，流产令人相当痛苦。但是这种痛苦有别于亲人死亡带来的痛苦。失去子女的父母遭受人生最痛苦的经历，他们哀悼死去的孩子——一个活生生、充满希望和理想的人。而一个准妈妈经历早期流产没有可哀悼的对象。她会为失去**那本来**

可能发育成人的生命而伤心，为自己失去希望和前景而忍受剧痛。她深知她没有失去任何**有鲜活生命的**人（这种状况到孕后期，随着胎儿"让人感知它的存在"而改变）。由于这一原因，虽然我们同情准妈妈，但这与我们同情丧失亲生骨肉的母亲不是一回事。所以，即使在禁止堕胎的社会文化中，也不会坚持为死胎举办葬礼。怀孕后没能生产的家庭不同于遭受生离死别的家庭。

渐进主义与义务论并不相符。义务论指的是要么完全具有某些观念，要么完全没有。而渐进主义则更适于表达诸如事情是否变得更好、人们的行为是否变得更加高尚、人们是否变得更加自私或麻木不仁这些观念。我们可能会认为通过后面这些观念能更好地解决问题。但是当讨论生死问题时，却很难（对许多人而言都是如此，但是他们的观点能站得住脚吗？）采取渐进主义的观点。

不管怎样，死有什么可怕？

9. 死亡

希腊哲学家伊壁鸠鲁认为我们不应惧怕死亡。

> 对我们而言，死亡无足轻重；对身体而言，当身体腐烂分解成构成它的元素时，已经没有感觉了；一个没有感觉的躯体对我们而言，无足轻重。

斯多葛派对这一简单明了的观点有所补充：首先是将人死后的不存在状态与出生前的不存在状态相比较——那么死亡就没有丝毫可怕的。其次是从时间流逝着眼，看出对昨天刚去世的人和几百年前死去的人来说，死亡都是一回事。这是理解“永恒”的唯一途径：对主体来说，死亡从来没有延续性。对于他那不情不愿的情人，诗人安德鲁·马维尔本可以通过提醒一个事实来把她强追到手：“那在我们面前伸展向远方的/永恒不朽的沙漠”，并不是人人都能越过的沙漠。换句话说，“死亡状态”是用词不当。康德已去世不等于康德正处于并将在很长很长的时间中处于某种神秘的状态。事实是康德已不复存在。死亡不是**属于**一个人的状态。它“对我们来说什么也不是”，因为我们本身都已不存在。死亡不是一种生活方式，不是静谧、长眠、和解、满足、阴冷、孤独、黑暗或者其他什么。

人们常认为死亡是个谜，也许是最终极的谜（见图5）。为什么？生命神秘莫测，因为它提出了一系列科学难题。但是，用我们所掌握的生命科学来解释这些谜团，我们将充分了解生命的自我维持过程。这一过程是个有限的时间段，很容易中断。当期限来临，过程便告结束，无论曾经活着的是一片树叶、一朵玫瑰还是一个人，都将死去。这是众所周知的事实，无须进行化学或生物学分析。

只有当我们**发挥想象**看待死亡时，它才充满神秘色彩。我们会想：“**我**死后是什么样子。”但在我看来，死亡就是虚无，不是因为它充满神秘色彩（与我至今了解的其他东西都不同），而是因为我自己都不存在了。

当然，只有我们摈弃来世之说，死亡才是虚无。对许多人来说，主流宗教的一个吸引人之处正在于这种许诺：死亡只是生存状态的一种变化，变得更好或更坏。伦理学是传播这种信仰的一个诱因。今世充满不公和痛苦，所以必然存在着另一个地方可以找到更好的生活。或者，恶人尽享幸福和成功的喜悦，而好

图5　《灵魂探索墓穴深处》，威廉·布莱克

人却遭受痛苦和失败的酸楚，这令人不能容忍；所以，必然有一处彰显公道的地方。或者，无辜者忍受一生的贫穷和灾难，这同样让人无法忍受；他们一定是在偿还前世的罪孽。这些论断听起来更像人们一厢情愿的愿望，而非科学推论。他们的口头禅是："今世令人难如意，定有某处了人愿。"然而，除非我们相信神意，否则现实便可能是，现世的生活在这些方面都让人无法忍受，并且没有纠正的希望。正如休谟（1711—1776）所指出的，即便我们**真的**相信神的旨意，唯一证明这个旨意是什么的证据仍要从我们周围的世界中来。因此，如果今世不公和痛苦，那必然是因为上帝为我们预先设计了这样的人生。约伯最终获得了上帝的救赎和补偿，但是许多正直、正义的人却没有得到（见图6）。

不少哲学家辩称——我也同意他们的观点——来世之说涉及一种站不住脚的形而上学思想：一幅我们作为人如何与自身肉体联系的失真的画。在这幅画中，灵魂只是暂时、偶然地依附于人体内，就像坐在车里的人。而许多哲学家对灵魂与肉体关系的认识更形象，他们认为这种差异就像计算机软件和硬件的不同。两者间的差别千真万确，但这种差别不是让你去想象软件能够脱离硬件而独立运行。

如果不相信死后生活，斯多葛派关于死亡不可怕的观点显然就是正确的。但我们仍需要澄清一些事实。康德的死（death）发生在康德身上，它是康德死亡（dying）的结果。哎呀！如此看来，死神降临时我们的确仍然存在着，因为我们必须经历死亡。死亡主体在死亡过程的终点才消失；我们可能惧怕这个过程，这在情理之中。我们都期望快速、安静、没有痛苦、带着尊严地离去，而不希望在恐惧和痛苦中死去。人们希望把死

图6　《刚直不阿之士竟受了人的讥笑》，威廉·布莱克，来自《约伯记》插图。在布莱克笔下，约伯忍辱负重，而指责者的躲闪眼神则表明了他们对约伯之高贵品质的无知。（图中文字自上至下为：然而他知道我所行的路，他试炼我之后，我必如精金。我的朋友啊！求你们怜悯我，怜悯我吧！因为神的手击打了我。他必杀我，但我仍要信他。刚直不阿之士，竟受了人的讥笑。人为妇人所生，生命短暂，还要经历许多苦难。出来如花又被割下；飞去如影、不能存留。这样的人你岂睁眼看他么，又叫我来受审）

亡变得轻松，对此我们并不反感。我们常嘲弄报道中一些医生的愚蠢行为——因害怕患者服用止痛药物会上瘾而拒绝给奄奄一息的人使用这种药物。

然而，正如伍迪·艾伦所说的，“我不会那么在乎死亡（dying），如果在这个过程结束时我不会死去（dead）的话”。我们在身体康复后，面对死亡还是经历死亡过程的选择，大多会选后者。两者都是不幸，但死亡是更大的不幸。因此，我们或许并没有对斯多葛派的观点真正信服。使我们不安的不仅是死亡过程，还有紧随而来的生命的消失。

越是热爱生命，一些人就越害怕死亡。另外一些人，随着年光的流逝黯淡了生活的乐趣，他们会变得畏怯而恐慌。无论怎样，当我们跂望来日时，都希望有更多的时间与友人共享良辰美景、享受热腾腾的佳肴、欣赏美妙音乐、享受性快感，而不愿只拥有一个短暂的终点。只有在经历假死并重获新生后，或许我们才会腾出更多时间享受人生。人生愈短暂，这样的生活愈有意义。我们会为没有机会去做的事感到惋惜。同样，未曾享受、经历人生之种种的孩子的死比成人的死更令人痛心。

有一种伪英雄观点认为死亡不是坏事。因而产生的一种推论是，杀人也不是一种特别坏的行为；或者杀人是不好的行为，只因为对亲友而言是不好的。然而，禁止杀人几乎是所有道德体系的核心。即使有的社会容忍某种对生命的剥夺——安乐死、杀婴，对刑事犯、战犯或政治犯处以极刑——它的界限也非常严格。打破这个界限的地方即是社会消亡之处。

我们不难发现，杀人为什么会被定罪。若人们可以违反这条法律，一切都会发生。然而，如果是寻死，像安乐死或自杀，又该怎样？或许最有力的反对意见是：如果将这些行为合法化，人们会被吸引，或迫于一些人的压力而结束生命，后者往往会从中受益。因此，最好说服人们让他们相信这样做行不通。因为这样的话，慢慢接近死亡的人将承受巨大压力而主动结束生命。就我个人来说，我则认为这一点没有什么说服力。亲属和赡养人确实可能给老人和无助的人施加压力干他们不愿干的事，但是，且抛开是否顺从不说，单单想到自己离去后感情上最亲密的人会有解脱之感就足以令人悲哀。与许多最令人难受的死亡方式中生命的无痛终止相比，上述悲哀似乎是微小且可控的。正如经常有人提到的，在包括英、美在内的许多国家，给痛苦中挣扎的人实施安乐死会受到控告，指控的理由甚至是你没有用安乐死使备受折磨的动物得以解脱。他们会问：非人类动物为什么比人类得到更优越的待遇？

这里让道德哲学家头疼的一个问题是，如何区别杀死和听任死亡。一些医疗法规沿袭了传统戒律，“不可杀人，但不必过于卖力地维持其生命”。医学界反对安乐死的人常引用“大转变”一词，来说明受过良好的训练教育、视救死扶伤为天职的医生突然接到终止生命请求时面临的巨大转变。根据这个推理，对一个不能自然存活的残疾新生儿或需要借助设备存活的奄奄一息的人，注射致死将是错误的举动，但袖手旁观则无可指摘。这可能让一些人心安理得，但其正当性却大可怀疑，因为这种做法使得在死亡线上挣扎的病人备受折磨，最后因窒息或饥渴而死，可以有所作为的人却袖手旁观，拒绝实施仁慈致死。没有人希望这种事发生在自己或自己所爱的人身上。这里，争论的部分内容在于，如果不实施必要的安乐死，对病人来说是否不仅是听任死亡，而且是谋杀。如果我绑架了你，把你关进地牢，这不是谋杀。但如果我不给你食物，这算不算谋杀？在此情形下，我负有责任，因为我决定你的生死存亡。但是，如果你只是碰巧处于某种情形下，使我掌握了对你的生杀大权呢？如果你只是不幸跌入我的地窖呢？此时我若拒绝给你提供食物，与一枪将你击毙性质相同甚至更恶劣。

顺便介绍一下非常有趣的前因后果问题。有个流传已久的故事，讲的是一个行将穿越沙漠的人。他有两个仇人。晚上，第一个仇人溜进他的帐篷，在他的水袋里投放士的宁。后半夜，第二个仇人，全然不知上半夜发生的事，潜入帐篷，在水袋上戳了个小洞。第二天，旅人开始向沙漠进发。他想喝水时，发现水袋没有一滴水，最终，他因缺水而死。

究竟谁杀了他？第一个嫌犯的辩护律师提供了有力的辩词：不可否认，我的当事人曾企图毒杀受害人，但受害人没有喝到含有剧毒药品的水，因此，我的当事人是杀人未遂。第二个嫌犯的辩护律师同样振振有词：我的当事人企图使受害人无水可喝，这是事实，但是他也未遂，因为他只是没有让受害人喝士的宁，而一个人无法以这种方式杀人。

无论这个案子如何判决，伦理学似乎都要求我们辨别主观愿望与客观结果。从这类案子看，我们很难区分。这种区分与义务论的观点一致，它坚持认为是我们的**行为**导致了善与恶、正义与责任问题。似乎我们**听凭**其发生，袖手旁观、听之任之便不构成犯罪。这就是判决哪个嫌犯谋杀了旅人显得异常重要的原因。然而，是法律而非道德需要这些已成定局的判决吗？再看安乐死的问题，我们应该发自真心地赞扬采取顺其自然态度不作为的医生，而批驳主动上前为病人拉上人生帷幕的医生吗？难道这与确保人的一生（包括其终点）更加愉快不是一样的吗？

10. 欲望与人生意义

有道德家指出，“真正的”人生不仅要求人记住总有一天人会死去，而且要对“向死而生”这个事实时刻有着清醒的意识。诗人约翰·多恩在他的画像中身披斗篷，充满期待地刻画了末日审判时他的衣着外貌。然而，我们大多数人却认为他关注的内容不健康。事实上，这种情绪仅仅弥漫于社会动荡、政治软弱，从而引起知识阶层的悲观情绪和自杀风气的时期。而我们很难与一种情绪争辩。也许，当诗人几乎爱上了安适的死亡或厌倦了人类的表演时，他需要的是一次激励、一段假期或成立一个新政府，而不是争论不休。

被死亡笼罩的人往往矛盾重重。比如，对以下两方面的强调就是不一致的：一方面，死亡本身完全没有不妥之处，甚至是种奢望；另一方面，死亡又为人生画上句号，使人生失去意义、充满幻灭。如果死亡本身是令人向往的，那么它何以有问题？

尽管斯多葛派声称死亡并不可怕，他们自己却没有大肆宣扬对死亡的过分关注。相反，现代人认为他们对死亡的态度体现了顽强、顺从，以及在面对注定要发生的事件时的宿命论思想。他们的态度植根于“哲学”一词本身的一个常见意指，正如一个人对他人遭遇的不幸所说的安慰之词：“你应该哲学一点，不要想这件事了。”对于斯多葛派的这类观点，沃德豪斯或许最有发言权。吉夫斯安慰伯蒂时说：

“我想请您注意马可·奥勒留国王的评论。他曾说：‘你遭遇不幸了吗？这不是坏事。它是宇宙在你来到世上的第一天就为你设计的命运。你遭遇的一切都是命运之网的一部分。'"

我喘着粗气。

"他是那样说的吗?"

"是的,先生。"

"你可以告诉他,我说他是个蠢蛋。我的东西都打包好了吗?"

后来伯蒂明智地评论:"我怀疑,事实上马可·奥勒留的材料是否就是给那些在命运之墙上踢断了脚趾的士兵们的东西。你只是想等到伤痛减轻。"

努力使我们接受死亡的哲学家和诗人们既不是像斯多葛派那样简单地表明他们的观点,也不是借助斯多葛派的宿命论。相反,他们总是喋喋不休地抱怨命运本身。我们都听过许多悲伤的诗句和歌词描述一个充满争斗、混乱和冲突的人类社会:无聊的人生是一种负担;前方的希望充满虚幻,幸福虚无缥缈;人们欲壑难填、丰衣足食的生活不能带来平和。Carpe diem(抓住每一天)——但是你无法做到,任凭你怎么努力,时光终归要流逝。一切将消失于深渊,没有什么永恒不变。帝国与宫殿将轰然倒塌成为废墟,宇宙将变得冰凉,一切终将被忘却。

虚即是空,虚即是空,传道者说。凡事都是虚空。人的一切劳碌,他在日光之下的劳碌,有什么益处呢?

只有逝去的人令人羡慕,死亡令人奢望。人之大幸是不要来到世上,一旦出生,最好快快死去。

这种思想的危险正是哲学家乔治·贝克莱(1685—1753)

所谓的抽象之罪恶，或者是“使人们的思维陷入混乱、完美而精致的抽象思想之网”。如果抛开问题本身，说一些抽象而空洞的大话，那么悲叹人生的虚空本性以及欲望的无常就再简单不过了。因此，如果说人之欲望的满足稍纵即逝，并且欲望本身瞬息万变，只会导致更大的不满，这听起来够糟糕的。但这就足以让人郁闷消沉吗？具体说来，假设我们希望享用一顿美餐，想到它瞬间即逝（我们再也没有这样的机会），想到旺盛的食欲不能永

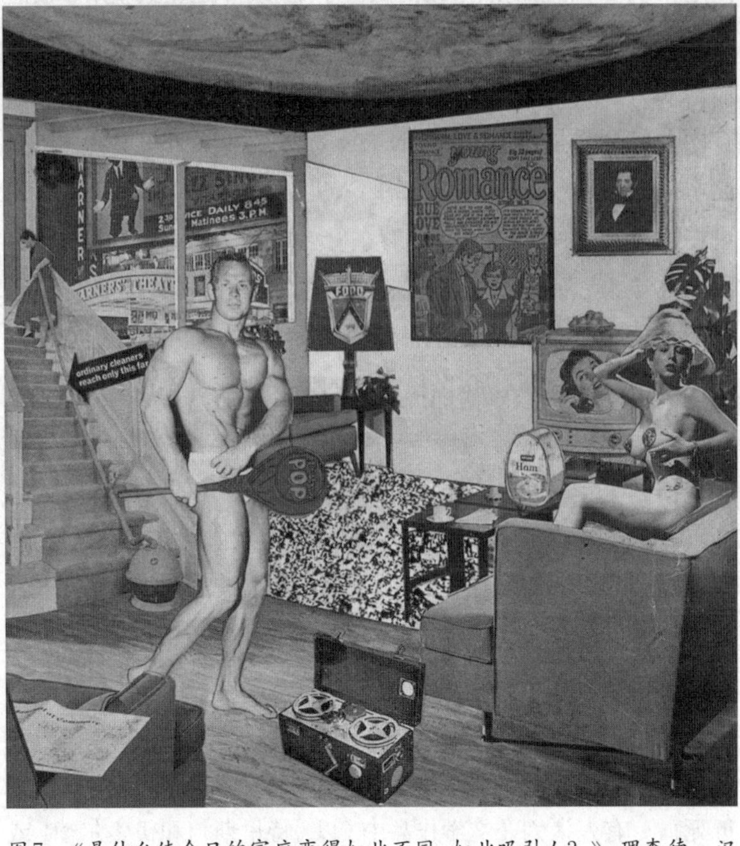

图7 《是什么使今日的家庭变得如此不同、如此吸引人？》，理查德·汉密尔顿

远保持下去（我们很快就会停止饥饿），又想到这只是一时的满足（我们明日又会有饥饿感），这些想法会破坏我们享用美食的心情吗？如果我们真的一直保持食欲旺盛，一餐下去真的永饱终生，天下真有不散的筵席，情况似乎也不会变得更好。既然这些情况都没有什么吸引人之处，为什么还要对它们的不存在耿耿于怀呢？

如果悲观情绪占上风，人们就容易沉溺于那些过度膨胀的欲望，比如对财富的欲望或情欲。不难理解，这些欲望从本质上来讲很难满足，至少有时对某些人来说是这样的。实现了财富的积累并不能让我们知足常乐，反而常常激起更强烈的欲望。贫困会破坏幸福，而富人们的生活表明财富增加并不能无限提高幸福感。当今许多人比过去的人更富有，然而，这给他们带来更多的幸福了吗？自杀率等有关社会现象表明事实并非如此。围墙高筑、戒备森严的富人住宅区（如美国长官俱乐部区），已不能证明他们的生活是幸福和令人羡慕的。根据凡勃伦的理论，我们或许可以认为，国民收入的增长只会提高一道门槛，富人们正是通过跨越这道门槛、突显自我来满足虚荣心。这就是悲观经济学令人失望的发现之一。

悲观主义者手中的另一张王牌是情欲：情欲躁动不安、没有安全感，只会得到部分满足。我们希望真正拥有一个人，但或许从未如愿以偿。阅读文学、艺术作品中关于性爱的内容，人们很容易联想到对死亡和寂灭的渴望。做爱本身就如同死亡——爱人被穿透、被击伤。在这种传统观念里，爱之疲惫，尤其是男女性行为到高潮（法语 un petite mort，意为“小小的死亡”）时很接近死亡。有人认为在文学作品中（以《特里斯坦和伊索尔德》或《罗密欧与朱丽叶》为例），我们可以看到恋爱中的男女对“殉情”有隐秘的渴望。在艺术作品中，成为被情所困的女子往往是十分危险的，奥菲莉娅、维奥莱塔、托丝卡及米米等无数女性向我们证明了这点。

一想到即使eros（爱欲）也被死亡笼罩，我们便极度沮丧。但这也许又是抽象之恶的作用。仔细研究一些文艺作品，我们总结出“性欲的本质就是死亡”。我们会不假思索地认为，正是艺术家需要这些忧伤恋人们的题材，而不去关心日常普通的幸福和满足。艺术家有充分理由将杰克和吉尔包装成罗密欧和朱丽叶（而杰克和吉尔本身可能乐观豁达得多）。悲剧不仅可以避免，而且也不应是常态的追求。

当我们纵观人生，追问人生总体上是否“有意义”，想象一个外在的见证人，这个见证人甚至可能是在坟墓之外追溯往事的我们自己，当我们这样做时，就是在进行类似的抽象。我们可能担心这个旁观者能纵观时空，而我们的生命已化为乌有，成为整体微不足道的一部分。布莱兹·帕斯卡尔（1623—1662）说过：“无垠空间的沉寂令我恐惧。”

而剑桥哲学家弗兰克·拉姆齐（1903—1930）回应道：

> 我与一些朋友的不同之处在于我不重视物质的大小。面对无垠的宇宙，我丝毫不感到渺小。星空虽然广袤无垠，但它们既没有思想，也没有情爱。我更重视思想与情爱这些品质而不是大小，我不会因为身躯重达十七英石而受到赞誉。
>
> 我的世界之图像显示在脑海中，而不像按照比例制作的模型。人占领了宇宙之最有利地形，而星星则如三个便士硬币那么小。

当问及人生意义时，我们先要问：对谁而言？对于一个纵观时空的见证人，人类没有任何意义（很难想象人类能进入他的视野——既然存在着如此**辽阔的**空间和如此**无穷的**时光），但我们有必要为人生在此种视角下的微不足道而郁郁寡欢吗？相反，设想我们头脑中有一位更现实的观众。一个具有明确人生目标的人，如一个把攻克癌症作为追求的人，会思考他的人生是否有意义，即他的努力是否对那些病人有意义。如果他的研究取得成功，或后代将铭记他的成就，这样的人生就是有意义的。对于有些人来说，一想到自己的努力可能一无所获，自己在世上雁过无声，便感到极其痛苦。有人则尽力让自己对此释然：世上能令下一代（更不用说数代之后）敬仰或能流芳百世的人毕竟凤毛麟角。不幸的是，在哲学领域也有人无法释然。

我们或许在扮演着法官的角色：此时此刻，我们中的每一个人都可以追问人生对**我**是否有意义。答案会因人而异。对我们自己以及我们周围的人来说，人生是生命过程中充满意义的事件汇成的一条溪流。建筑师勒·柯布西耶曾经说过：上帝的存在体现在微小之处，人生的意义也是如此。孩子的笑对于母亲就是整个世界，情侣的爱抚是心旷神怡的体验，遣词造句是作家的幸福。只有吸收、享受以及诸如此类的点滴细节才会带来意义。于是，人生的问题现在变成了意义太多。也就是说，任何一件事都变得沉重。与哈姆雷特一样，我们隐身于人类欢场的边缘，眼前出现的仅是皮相之下的颅骨。一旦如此，那将是可悲的。我们再次需要行动，而不是喋喋不休的争辩。唯一恰当的理由是休谟的名言：要想使你自己对自己或他人来说有所用处或易于相处，压根没门。

11. 快乐

讨论过生命起点、终点及人生意义之后，我们还想思考一下如何生活。我们可以以不同的方式探讨这一问题。首先，我们应当描述一下美好生活，即summum bonum（至善）的内容。我们描绘理想生活，然后一步一步地去实现：或许它是幸福的，它是快乐的，它是充满爱、友谊以及成功之喜悦的，它总是梦想成真，它自给自足。这种生活**令人嫉妒**，或者如果"嫉妒"这个词有贬义色彩，我们就说**令人羡慕**。这就是亚里士多德（前384—前322）所说的幸福（eudaimonia）[①]生活。

这个希腊单词通常被译为"幸福"，不太贴切。现代人将幸福刻画成一种纯主观的或内心的喜悦状态。快乐人生是一连串的内心满足感。功利主义的主要创始人、哲学家边沁（1748—1832）就是这样看待快乐人生的。他认为将各种因素综合起来便可以计量幸福，这些因素包括主观强度、持久性、发生的几率、时间的远近以及对带来或阻止更多快乐所产生的影响。总结所有这些关键因素，人们可以判断出哪些行为可能使人享受最大快乐，忍受最小痛苦。于是正确的做法便是：去做那些会带来（名言所述的）"最大多数人的最大幸福"的事。

边沁所绘制的幸福图景多少让人失望。他设想了一种只适合猪的纯粹快乐主义人生。然而毫无疑问，"做一位不满足的苏格拉底比做一只快乐的猪好"。这种评论可能略显偏激。边沁的追随者约翰·斯图亚特·密尔（1806—1873）宣称正是这样的评论家暗示人类不比猪高级，因为他们指出人类的快乐就是

① 由亚里士多德提出，指受理性支配的积极生活所带来的幸福。

图8 《斗鸡》,威廉·霍加斯

一种动物性。一幅更乐观的图景则向我们揭示了友谊、成功、美术、音乐、哲学讨论、科学发现带来的快乐。密尔有维多利亚时代的观念:体验到这些高级幸福的人一定对这种快乐更为钟情。他理应阐明这种快乐只意味着更轻松愉快,却因为提出快乐“质量”的维度而混淆了概念。这就因为提出了快乐之外的东西作为价值源头而背离了边沁的理论,仿佛刚说过价格是衡量美术作品质量的唯一标准,接着就指出有些昂贵的作品不如廉价作品有价值。解释快乐的“质量”时,边沁仅仅是指,有些快乐激发更多的快乐,而有些则会导致痛苦的发生。但是边沁的主要观点仍是:注重幸福或享乐的人不会忘记人生中能带给人快乐或享受的无数种乐事。

边沁“幸福微积分”——衡量影响决策之因素的科学方法——的设想被经济学所继承。而快乐的本质却抵制这种量化：不同快乐的主观强度看起来并没有可比性，即使发生在同一人身上；而不同的人在不同时间感受的快乐更加难以比较。较简单的方法是判断人的欲望有多强烈，通过了解他们的欲望满足了多少，看出他们的生活过得如何。但是，即使一个不那么傲慢的人也会同样抵制这一计算方法。在其他生活条件相同时，一种欲望不断得到满足的生活可能比同类欲望无法满足的生活更好。但如果这些欲望毫无价值，是由虚假的允诺和诱惑所挑起、由虚荣与自负所驱动的呢？如果他们的满足感消失呢？当人们满足了因恐惧和幻想产生的微不足道的欲望时，事情是不是变得更好呢？赌徒和瘾君子的满足感又怎么样呢？

这就引出了亚里士多德提出的另一种不同于边沁的观点。亚里士多德认为即便是长期的内心快乐也不意味着真正的幸福，或eudaimonia。“内心感受”来自并栖身于傻瓜的乐园。因此，有人感到快乐是因为她未能意识到自己没有实现愿望，或者她的快乐是误会或假象造成的——她丈夫欺骗了她，她却浑然不知；她的孩子遭受失败，却有人向她传递胜利的喜讯；她认为人人都羡慕她，他们却在背后嘲笑她。她满怀喜悦地向往天堂，而天堂并不存在。若有人至死如此，边沁认为她是幸福的。然而，亚里士多德则持相反观点。

她的生活并不令人嫉妒或令人羡慕，也不是我们向往的生活。当我们愚昧无知或受人蒙蔽，亚里士多德断言我们会自认为是快乐的，而事实却不是。我们看到的只是幸福的幻影。真正的幸福需要我们的感受与客观现实保持一致，而不是靠激起内心的感受获得。同样，由化学成分刺激而产生的内啡肽无限分泌造成的持久幸福也不是亚里士多德定义的幸福，它既不是我们赞美和羡慕的幸福，也不是我们会祝愿自己在乎的人们拥有的幸福。

亚里士多德的理论要求人们正确处理与客观世界的关系，即要求人们理性处事、与人互动，尤其要求具有真情和友谊。他认为这是因为我们有telos，即“目的”。过一种社会交往生活是人类的意图，因而是一种“善”，其中最根本的可以从与健康的比较中看出。生物机体的**目的**是过一种对其种属来说堪称健康的生活。所以作为人，我们的目的是过一种对人来说是健康的生活，即我们的“自然”生活或“预定的”生活。

我们可能难以捕捉亚里士多德关于置意图于自然之中的论述，但我们可以通过对生物功能的认识来了解一二。健康生活

图9　《人类状况的园地》，洛伊尼希

就是生命中所有机能按进化适应性所要求的功能正常运转。这就是生物有机体的“预定的”生活，它是遵循人类生活“自然律”的生活。

必须说明的是，所有这些概念都不是无懈可击。有的人认为人类的“自然律”是残酷的竞争和争斗，很少有空间留给利他主义或正义感等美德。从前文讨论过的不同环境和文化的弹性来看，我们很难重新清晰理解大自然为我们预定的目标。更有甚者，我们已习惯于认为许多的现代生活方式“不自然”——但是，正缘于此它们又比任何一种更贴近自然的生活要好。很少有人愿意回到狩猎时代。读书、听音乐会和骑自行车不是自然的生活方式，但它们是许多种美好生活的一部分。相反地，固守“自然”的吃、住、行和“自然”的性行为也没有什么特定的美德可言。

我们可以传播自然理念，例如，声称大自然既然赋予人类丰硕的普遍智慧，利用人类智慧创造的东西也应被视为自然的，从而是健康的。正如所有语言都同样是自然形成的，来自普遍智慧的表达也同样自然。但是，这并不是要我们简单决定哪些快乐或生活方式对人类来说特别健康。人类智慧既可以让我们快速实现健康和繁荣，又可以将我们自己及他人毁于一旦。因为，人类状况的园地中也有一些相当消极的现象（如洛伊尼希的作品向我们展示的，见图9）。当我们在第17节回顾亚里士多德的观点时（亚里士多德在该节中为伦理学理论潜在地提供了“依据”），我们有必要记住这些警示。

12. 最大多数人的最大幸福

功利主义将上一节中我们讨论的“最大多数人的最大幸福”作为道德哲学的核心。它强调总体的良好意愿或善行，或与作为整体的大众同甘共苦。这就是衡量社会总体状况的客观标准。善被等同于最大多数人的最大幸福，行动的目的是为了增加善（此即众所周知的功利原则）。功利主义是**唯结果论**，或者说功利主义具有前瞻性，为了判断某一行为正当与否往往研究这一行为的影响和结果。就这一点来说，它与义务论伦理学正形成对比。对于结果主义来说，一个可能被认为是错误的、未尽责任的、不公正的或侵害他人权利的行为，只要它符合整体善，该行为就可能明显地被其结果所美化或证明为正当。功利主义与前文关于流产问题的讨论中引出的渐进主义有异曲同工之妙。功利主义探讨的是最大多数人的最大幸福增加或减少时的价值——情况或好或坏，或是变得更好或更坏。

正义、权利、责任这些义务论概念与一种道德环境相适应，在这种环境下事物**是**对或错、被允许或被禁止的。这些词既是道德词汇也是法律词汇。相反，功利主义者说的却是社会善的语言。面对堕胎问题，功利主义者首先会探究导致人们试图采取堕胎措施的社会环境。当被问及法律问题时，功利主义者会思考将某些行为定罪量刑所产生的利与弊。然而，这是工程师的思维方式而不是法官的。

约翰·斯图亚特·密尔认为他可以为功利原则提供某种证据。他认为，渴望得到一种东西就是发现了它的令人快乐之处。所以每个人总是只关心使他自己快乐的事情。于是，这样做的结果便是所有人在总体上关心所有人的快乐，或者说关心普遍幸福。而在另外一些情形下，所得出的观点不仅与上述理论背道而驰，甚至还与其出发点针锋相对。这就像主张如果每个人只系他的或她的鞋带，那么所有人会系所有人的鞋带。但是，除非世界上只有一个人，否则每个人只系他的或她的鞋带，就**没有**

人系所有人的鞋带。同样，如果我们每个人都只顾及自己的快乐，便无人会关心他人的快乐，**除非**他人的快乐在某种程度上也是我们的追求目标。这将是一个充满不加区分的普遍同情的世界：一个美好的世界，却不是我们生活的世界。在我们的世界里，人们想得更多的是如何为自己，而不是为他人寻求更多的幸福。

即使没有密尔不甚严密的观点的支持，我们仍然会同意对总体幸福最大化的追求。我们希望人们拥有这一目标，一个不偏不倚、崇尚平等且有前瞻性的目标——每个人都只被算作一个人，没有人被算作更多。这一目标的确立由来已久：仁是儒家的至上美德。在公共事务中，它备受推崇。在法律上有一个古老的原则即"人民之安是最高法律"。如果人的安全包括远离邪恶，如果这种远离能弥补因此受损的福利和幸福，那么功利主义就近在咫尺了。

为了提高大众福利、减轻大众疾苦，任何像样的伦理思想都会推崇善行、利他或团结等美德。问题在于，这是不是唯一的衡量标准，是否其他所有的标准，包括我们讨论过的义务论的观念都从属于这个目标。既然许多罪行都可以假借自由之名而生，它们同样也可以借普遍幸福之名而行。假如通过践踏他人权利，我们可以多获得一点幸福，我们因此就得赞成这样做吗？正义本身从属于普遍的善吗？如果将一份利益给予本不应得的埃米比给予本应得到的伯莎能在总体上带来更多的幸福，又该如何？

想到要用结果来平衡正义，我们可能会极度反感，即使结果是公平的、普遍的，是根据我们所能描绘的最为复杂的幸福观衡量得出的。也许有些人会为一条主张相反的标语而激动——即使天塌下来，也要实现正义（Fiat justitia et ruant coeli）。

在“实现正义”和“人民福利”之间似乎有着尖锐的对立。伟大的哲学家休谟在两者之间进行了折中。休谟所给出的答案后被称为“间接”功利主义。包括财产规则、守诺规则以及其他一般权利规则在内的各种规则，由于影响普遍幸福而具有正当性。法律的正当性在于它维护了人们的安全。但是，这不是说法律或规则**本身**必须具有前瞻性，必须从属于在具体情形下需要获取的利益。体系是人创设的，它具有功利方面的正当性，但规则的具体运用却不具有这样的正当性。

作为比较，让我们设想一场比赛的规则。比赛可能具有一个目的，比如给观众和球员带来乐趣。而规则决定了比赛如何进行。即使裁判认为作弊可以增加比赛的娱乐性，他也不应在某些时候破坏比赛规则。倘若观众知道他有可能破坏规则，他们将改变态度，令比赛无法进行。严厉的规则促成了这场比赛。同样，间接功利主义宣称我们只有遵守严厉的法规，才能获得普遍的幸福，尤其是获得这种幸福的具体内容，如安全。我们尊重彼此的财产权，我们制定法律以保障明确的、可预见的正义，我们赋予行为在所有环境下都应遵守的可靠的一般原则。

或者我们应该说，几乎在所有环境下都是如此。休谟指出，当万不得已时，原有的坚实权利将让步。

> 当放火烧毁市郊可以阻止敌军前进，市长还会犹豫这么做吗？

在足够危急时，甚至是很基本的公民自由也要让步。假如出现一种紧急情况，比如体育馆受到安全威胁，为了疏散其中的观众，裁判可能发出虚假口令结束比赛，这样处理是适当的。但紧急情形是罕见的，并且它要求当事人通过判断来获知其正在发生。紧急情况下允许例外的应对方式，因为形势恢复正常后，安定、稳定也会恢复。战时市长一把大火烧毁市郊的做法不会威胁他作为法律保护神的地位，而和平年代的市长允许其爱侄占用公屋情形就不同了。前一种做法值得信任，后一种做法不行。

因此，在休谟看来，正义和权利的体系是社会产物。它们之所以必要，乃是因为人不能独立生存，他们需要法律体系来规范彼此的合作关系。其中至少包括制订契约、持有财产等能力，而这些需求中的每一种都在义务论的话语——正义和权利——中得到了描述。这些体系的目的仅在于维护和促进社会之善。虽然它们的重要性不容忽视，然而，当事态危急之时，它们也应出于同样的目的做出退让。

我们对这种退让满意吗？间接功利主义是妥协方案。它是彻头彻尾的唯结果论，但在生活行为（如同比赛行为）中，规则和原则具有义务论者所期待的绝对权威。如同其他许多妥协一样，间接功利主义遭受了两面夹击。更直接、更彻底的功利主义者，可能担心在变通规则便能获得实效的某些情况下需要遵守规则，哪怕这种实效只有一点点。他们会想：这不正是在制造“规则崇拜”吗？

大多数当代道德哲学家都更为强调正义与权利，唯恐结果或目的之类的东西玷污了它。因此，当今道德哲学界普遍蔑视功利主义。有的学者强调情操高尚的行为者，他们不会为了功利目的而背叛法律。有的学者强调行为者的美德，他们不会关心自己的行为将会产生什么影响，而是向后看，在行为背景中应用原则。这些文章讲述了一些经典的事例，事例中坚守原则的主角令人钦佩。而间接功利主义者似乎还打算对此做出回应：**当然**，我们尊重那些不会为了普遍效能而在原则方面做出让步的正直的人们。这是最值得培养和最令人敬佩的品质，纵使让观众因此而葬身于体育馆（尽管发生的几率极小极小）。

有人指出功利主义“忽视个体的独立性”，即功利主义使个人权利从属于普遍福利。这些批评指出，功利主义对个人的哀切呼唤充耳不闻，而这个人的攸关利益正因为普遍的善被牺牲。考虑到功利主义的初衷正在于打破人与人之间的分离——这种分离使人只考虑**我**而不是**我们**，这种指责便尤其具有讽刺意义。

其他评论家肯定了我们首先用道德衡量幸福的方式，他们用亚里士多德的幸福代替边沁的感官享受。幸福本身一旦道德化，作为完整伦理学理论的功利主义的公信力将会大打折扣。因此，我们需要用道德眼光从不同角度来判断人们幸福与否。

官僚阶级（大多是男性）常常利用功利主义来为自己辩护。关爱和仁慈的伦理思想反映了功利主义的本质，但建立于法律基础之上的道德哲学很少见容于其中，只有它的创始人才了解其隐蔽的复杂结构和惯例。功利主义，尤其是间接功利主义，有很大优势。它至少明确了如何确定权利、法律或高尚行为的标准。某项具体权利、法律或高尚行为**之所以被列为**权利、法律或高尚行为，是因为它们服务于普遍的善。其他哲学由于无法提供这种明智、现实的答案，则不得不回避这个问题，或企图寻求不同的答案。我将在第三章介绍一些这样的努力。

13. 免于恶

实现幸福生活的另一种途径是思考应当避免什么。首先，人们很容易达成以下共识：我们不希望有人统治我们、歧视我们、忽视我们、怜悯我们、蔑视我们、剥夺我们的权利和机会；同时，我们也不希望丧失生存技能，遭遇失败和痛苦，不希望依赖他人，不希望受到病痛、忧郁等消极情绪的折磨。地狱总比天堂更容易描绘。

这些内容在政治哲学中最为常见。如果我们试图概括维持社会秩序的条件，列举必须避免的内容比列举必须实现的内容更容易。政治秩序不是万能的，它不能保证人们没有抑郁、没有疾病、没有失望地生活；但它能保障人们远离暴力、免受歧视、不被随意抓捕，免遭残酷的或侮辱性刑罚、不公平审判以及其他厄运。你（就某些话题）陈述自己的观点或（有时）和平示威时，它用法律保护你的权利。就此来看，道德、政治或社会秩序给人们提供基本保障。而人们在此基本保障之下能获取什么、能否实现人生幸福则取决于人本身。赋予人们幸福不是道德哲学的责任，更不是宪法或政府的责任，它们仅仅是个平台，在此之上，人们**可能**找到快乐。美国的独立宣言提出“生存、自由和追求幸福”的权利，却没有如何实现幸福的论述。

对政治秩序的作用的这种认识是典型的自由主义。人们常说政治只关注使人们**免受**各种不良侵害的“消极自由”。与消极自由相对应的是积极自由：理想化或目标明确的政治体系的目的是使人们能够**做**各种有益的事，或能够**变成**或**成为**他们希望的样子。这种定义不尽完美，因为任何对自由完整的定义都包括免受侵扰以及能够去做这两个方面。例如，**不受**随意逮捕的自由指的是在法律允许范围内**做**任何事而**不受**逮捕的自由。**举行**和平集会的自由是**不受**法律禁止而集会的自由权利。**免**税是随意花费个人收入而不必向政府纳税的自由。

图10 《自由引导人民》，欧仁·德拉克洛瓦。到哪里？（去何方？）

然而通过对比，我们联想起自由主义的典型特征以及与之相去甚远的具有侵入性的专制政治制度。这种更具侵入性的制度是由一种关于什么是善的信念所驱动，而不是着眼于摆脱法律和政治干预。因此，（比如说）为了实现所期待的大致经济平等，平等主义者可能会认为有必要放弃经济活动中的一些自由权利。如果某社团的活动有加剧社会仇恨和社会紧张局势之嫌，那么政府会取消公民自由结社的权利。黑格尔认为真正的自由只存在于结构严密的政治体系中。他的观点遭到伯特兰·罗素（1872—1970）的讽刺：对黑格尔来说，自由就是服从警察的权利（见图10德拉克洛瓦的作品）。

这场辩论听起来似乎是发生在两派观点间的小摩擦：一派

崇尚自由，而另一派则追求和平或平等等其他内容。然而，在这些领域，人们很难从语言上分辨自由（freedom）与政治自由（liberty）。“自由”（freedom）一词的变通性足以将目的涵盖在内：为了避免经济状况不利，放弃自由经济活动；为了维护没有仇恨和紧张气氛的社会环境，牺牲自由结社的权利。任何积极的善都可被**描述**为免于（freedom from）某种东西：健康是免于疾病；幸福是一种免于缺憾和痛苦的生活；平等是免于优势和劣势之别。每个人都会使用这个词，于是就有了历史学家吉本（1737—1794）对罗马皇帝奥古斯都的枯燥评论：

> 奥古斯都知道凡人皆为名分所困。他的预期也没有落空：元老院和平民将会屈从于奴役，只要他们获得保证他们将一如既往地享有自古以来的自由。

面对这种变通性，理论家需要优先考虑某种自由而忽视其他形式的自由。我们今天也许会极端地认为只有某种特殊生活方式才会促成“真正的自由”。真正的自由，可能是不受欲望束缚（如佛教和斯多葛派）的生活；或者是一种自我实现、自我完善的生活，仅仅在由类似的自我实现个体组成的社会里才有可能。于是，我们想到社群主义、社会主义乃至共产主义的理想。自由放任政策下的资本家在追逐利润时只受最小的政治和法律干预，但是，关于自由的修辞却往往要掩盖处于改进之中的政治秩序的优势和弊端。

避免形形色色、显而易见的恶是人类容易达成共识的共同目标，但是，道德哲学的主流同样研究幸福或自我实现等更积极的概念也在情理之中。仅仅把摆脱疼痛和痛苦这样平淡的事作为目标，不会激发我们的抱负和向往。当然，对于许多人来说，当前刻不容缓的任务是消除恶，而非考虑在此之后我们想要怎样的善。然而，我们也不能完全没有一种对完美生活的设想。

14. 自由与家长式专制

“自由”一词的变通性无疑很好地满足了政治修辞的需要，特别是权利话语和自由话语交织在一起时。“我们有免受……的权利”是提出道德或政治要求的有效并且是最佳的方式。

自由的煽动性使它成为一个危险词。适用于所有自由社会的政治首先必然是民主政治。民主政治的对立面是精英主义，或家长式统治，它假定某些特定的人群利用他们的非凡理性、广博知识或超群智慧，最适于统治其他人，因为他们比普通人更清楚地了解后者的利益（他们的**真正**利益）所在。精英主义理论认为：那些愚昧无知或者没有自制力的人的自由是一种危险、无益的**极端自由**。有关精英政治的经典论述来自柏拉图的《理想国》。书中认为：政权应该由大公无私的统治者或卫国者掌握，因为他们是经过严格教育的智者。暴民没有自主权，他们是被管理者；他们无权寻求自己的生活方式，也无权犯错（格罗兹似乎同意这一观点，见图11）。

我们可能会拥护民主成果而不能同意柏拉图。然而，我们也许会因为那些相关的流传已久的神话传说而有一些不安。当前，我们对自由的重视成问题地关联着一种特定的自我形象——我们是“自治的”或有自我管理能力和自主性的人，我们有权做出自己的决定。干涉或限制他人是对他人的不尊重，人人都有受尊重的权利。对于这样的个体来说，极端不理智的做法便是放弃自由，例如进修道院（那里要求下级绝对服从上级）

图11　《挥舞旗帜》，乔治·格罗兹。格罗兹对德拉克洛瓦所描绘的理想（图10）的回应

或卖身为奴。这种行为无异于自杀，无异于否定了那些使每个人独特并具有同等价值的东西。

每个人都有人类所共有的理性，并且有相同的权利用理性指导自己的日常生活。这种思想支撑着上述自我形象。然而，“自治的”人——能够独立做决定的人——很容易流于想象。不仅大一统悲观主义，任何对人类生活或人类社会的理性思考，都表明我们是优柔寡断的动物。我们不断受外界思想的摆布，不能正确认识自我，很难摆脱不现实的幻想和野心。我们只有短暂的自制力，即使在为自己能够审慎、独立、自由、理性地做出决定而沾沾自喜时，我们仍被不为人知的流行观念以及各种社会和文化力量左右。倘若那些更具有洞察力的人能把我们从极度愚蠢中拯救出来，那往往于我们有益，而并非对我们的不敬。

因此，为了切实捍卫所要保护的自由，我们不要幻想理性自由，而是要对柏拉图提倡的精英政治的可行性保持戒心。古罗马作家尤维纳利斯在他第六首《讽刺诗》（116）中提出的问题后来为人所知：谁来监督那些卫国者？据说，温斯顿·丘吉尔曾说过：民主制度是有史以来一种最最糟糕的制度。没有人应该被授予凌驾于他人之上的无限权力，也不应该允许任何人为了他人的利益而统治他人。毕竟，精英们也是人。反民主政治的无情历史让我们认识到接受柏拉图的贵族神话将有多么危险。柏拉图本人在现实世界中清楚地知道这一点。在他的理想国度中，卫国者只有经过不现实的严格教育才能培养出堪当重任的品质。他没有为一夜间登上宝座的独裁者提供任何动听的借口，这些统治者总是叫嚣自己知道人民的利益所在。民主制度下的政治家也许十分糟糕，但是那些扬言最了解我们需求的人也许更加恶劣。

然而，即使在民主制度里也有柏拉图式完美的卫国者的影子。美国民主制度中设有“司法审查”制度，最高法院的大法官们通过这项制度可以审查并推翻经由民主投票而生效的立法。这都是以宪法名义实施的，而宪法是只有法官群体才有优先解释权的文件。正如在宗教领域，只有神职人员才有权解释教义中包含的真理。

对精英政治的反感也体现了对家长式专制的厌恶，即对为某人利益而指使其如何行事的厌恶。我们通常自认为最了解自己的利益所在，这也来自我们自认为是自主的理性人。同时，我们内心又知道，在某些时候如果有人推翻我们的判断，情形会更好，就像儿童的判断被推翻一样。安全法强制工人配戴安全帽或安全罩，不管他愿不愿戴。为了保障老年人的生活，社会保障制度强制人们在进入老龄之前缴纳一定数额的费用。大多数人能遵守开车系安全带和骑摩托车戴头盔的规定。这些都是以行为者自身利益之名施加于行为者个人自由（freedom）的限制。然而，正如我们已经看到的，我们往往借自由之名说明这些限制带来的好处。社会保障让我们免于（freedom from）老龄贫困问题，安全法使我们免于因疏忽造成的破坏和死亡。

与堕胎问题辩论中的情形一样，学一点伦理学知识后，我们将质疑电视节目中那些看似精彩的绝对观点。即使是神圣的自由权利也面临着妥协，将我们带入一个注重平衡的世界。言论自由神圣不可侵犯，但法律不保护蛊惑之辞、诽谤之辞，也不保护泄露国家机密、煽动种族仇恨、引起民众恐慌等言论。这些规定的好处则是，我们将不受以下不良行为的侵害：诈骗、对我们的品格和行为的歪曲、来自敌国的入侵、国内骚乱、群体性恐慌等风险。当然，麻烦的情形不能避免。有网站公然提供在厨房自制爆炸物的简易配方。对此，我们需要用言论自由的观念来对其加以保护吗？如果加以保护，又如何保障他人不受炸弹袭击的生存安全呢？许多女性主义哲学家指出，淫秽语言侵犯了她们的生活自由，使她们成为不健康幻想的对象。这是一种重要的自由，因为我们前面多次谈到的他人对我们的尊重，是幸福感的一部分。但是，这种重要的自由与他人（男人或女人）表达幻想（虽然可能很不健康）的自由相比又如何？如果有功利主义微积分算出允许和抑制这些自由的成本和效益该有多好！但是我们很难找到这种公式。

15. 权利和自然权利

在上一节开头我们看到，“我们有免受……的权利”不仅是提出道德和政治要求的有效方式，并且是最佳方式。

但是，它似乎也打开了人们无限的诉求空间：我们听到人们毫无愧色地要求避免所有不利、不幸、冒犯、短缺、需求、失望等等的权利。这些要求听起来无可厚非，但是我们还应该记起与权利相对应的义务——维护法律、政治、经济秩序以确保其不受消极形势以及其他形势危害的义务。所以，我们要考虑一下上述要求是否需要我们承担太大代价，甚至履行根本不能履行的义务。

联合国《世界人权宣言》时常备受争议地陷入这种困境。人权宣言不仅广泛保护人们都珍视的公民权，还提出了一系列“福利权”。比如它规定，人人有权享有“他的个人尊严和人格的自由发展所必需的经济、社会和文化方面各种权利的实现”。于是，上面所述的诉求膨胀的闸门打开了：不难主张，尊严和人格的自由发展不能受这种、那种或其他种种形式的束缚；人们甚至要求获得一些荒唐的权利，如即使没有能力胜任某项工作，却要求免于求职失败。

“自然权利”一词往往成为此类批评的目标。例如，法国大革命时期的《人权和公民权宣言》“决心把自然的、不可剥夺的和神圣的人权阐明于庄严的宣言之中”。它主张在权利方面，“人们生来是而且始终是自由平等的”。它规定任何政治制度的最终目的都在于保护人的以下权利：“自由、财产、安全及反抗压迫的权利。”

然而，这些明显无害的观点却引起哲学界的广泛怀疑。法国大革命本身的暴力无政府状态对这种怀疑起了推波助澜的作用。主要原因在于，很难给“自然权利”一个明确定义。我们能够认识法律赋予公民的权利。我们甚至能够想象这些权利是从原始社会演变而来的：在原始社会，通过约束自己，人们相互给予近似权利的东西。设想一下，甲克制自己不侵占乙的地盘或不向乙施加武力，或不引诱乙的配偶与其发生性关系。假设甲不约束自己的行为，他将遭受同伴的严厉谴责。然后，我们就可以讨论协议或关于克制的契约，从而看到财产权及其他社会权利体系的萌芽。乙可以向某团体请求禁止或惩罚甲的侵犯行为，通过支持乙，这个团体中的其他人便确认了他的权利。但是，所有这一切都要求有一个社会存在。在社会国家出现之前或在其之外，能有什么以权利的形式存在？每个人对所有的一切都拥有权利吗？还是没有任何人对所有的一切拥有权利？这些问题看起来有些荒谬。

但是，我们不必用自然权利的话语来提出这些问题，也不必暗示在社会出现之前的自然状态中人们居然享有各种权利。我们无意**描绘**一个梦想之地，而是想**规定**一种任何社会都应该维持的秩序。因此，声称这种观念不尊重历史或者不符合现实都不准确。例如，人非生来自由——他们出生于某个社会秩序中，这种秩序将责任和义务强加于他们。他们既不能享受方方面面的自由，也不可能生来平等，或在各方面保持平等。但是，这种观点的意图在于以这些理想为名而批评现有社会秩序，或努力实现某一理想，这种理想涵盖了一些基本的平等观念（如法律面前人人平等）和一些主要的自由清单。

尽管如此，我们仍可能对做出这些规定的原因表示疑惑。在“自然权利”中“自然”一词可能显示了某种宗教背景。仿佛上帝在我们出生时就给每个人贴上了一张可向他人索取之物的清单。如果这种说法对我们没有吸引力，那么，“自然”（nature）这个词还引出了某种亚里士多德式的理论。人类的“本性”（nature）只有在确认这种权利的社会中才会变得活跃、张扬。他们只有身处这种社会才能“实现”自我或享受“真正的”自由。但是，这种理论仍令人质疑。人性多变，适应性强，并且正如已经看到的，我们对人类繁荣有各种不同理解。许多人认为我们在当今富裕自由的西方民主社会能繁荣发展；但有人说，只有在平等主义社会，那里严格限制任何人、任何阶层拥有财产的数量，只有在这样的社会我们才能繁荣；还有人说，只有在严厉的社会秩序控制下，人们统一信奉同一宗教，我们才能繁荣。

我们已经看到人们的权利意识会危险地膨胀。有人从实用主义或者说注重实际的角度出发提出了反对意见。语言表达是抽象的：财产权给了你多少财产？这一权利令他人承担多少义务？如果有人需要他人照顾、需要生活资料支持才能维持生存，他的生命权能让他拥有多少关照和生活资料？我们早已看到，自由这个由一个词构成的观念可被随意变通、放大危险，以至最终自由权似乎失去所有意义。由一个词表述的权利不能解决各种棘手问题。

这种表述容易引发争议。它使**我**与**他们**对立，鼓励与他人相对的**我的**权利意识，这种意识只是事与愿违时我的怨愤情绪。这种语言不是真正的社会的语言，因此边沁将它视为“恐怖分子”的语言。在婚姻关系中，如果夫妻双方总是相互提防，防止自己的权利受到对方侵害，我们对这种关系便无法保持乐观。当婚前协议规定：双方必须共同负责清洁或分担家务，共同照顾子女，一周最多四次、最少三次性生活，那么我们对接踵而来的婚姻也不应乐观。我们不能完全否定这些约定——它们可能有积极意义，但是当事人将其作为权利提出就意味着**我们**还没有取代**我**。对于不平琐事的敏感不是建立美满家庭的正道。只有当“我们”取代了“我”，组建和睦家庭的条件才会成熟。边沁曾明确表明对这类协议的态度：

> 这些虚假权利宣言的最终的、明显的目的是什么呢？是赋予那些激情以尽可能多的力量，但是那些激情已经过于强大；是要冲破对这些激情的束缚；是要告诉那些自私的激情——到处都是你的猎物；是要告诉那些愤怒的激情——到处都是你的敌人。这就是这种著名宣言的道德性之所在。

事实上，它是马克思后期批判“资产阶级”或者利己主义权利的实质。像其他许多社会主义思想家一样，马克思认为，“权利”意识的核心在于原子式的和个人主义的道德体系。它强调个人需求，却忽略了个人赖以生存的社会的普遍利益。

然而，其他自由主义思想家认为这种特征正是权利意识的可贵之处。他们指出，各种权利保护我们不受社会侵害。即使在民主制度中，少数派也需要保护以防多数人的暴政。坚持自己的权利可能是自私自利、刻薄的行为，有时甚至显得麻木不仁，但我们仍然需要权利意识。我们需要权利意识来记录人类的相互依赖性，来保护我们免受他人伤害，即使这种伤害戴着集体的或政治的面具。有人进入婚姻殿堂时仍念念不忘提出一系列权利，即使这算得上愚蠢的行为，但双方彼此间的确拥有一些权利，并且一旦权利受到严重侵犯，补救和纠正就都是必要的。

第三章

伦理学基础

现在，让我们继续探讨那些悬而未决的问题。在第一章，我曾试图改变某些人对伦理学所持的敌意观点。同时，我们必须承认相对主义、虚无主义和怀疑主义对伦理学的威胁。我们可能还担心良知的声音是一种幻觉。当我们试图去了解良知作为一种权威的意义时，可能仍然犹豫或怀疑。真理和知识是否真的可能，或者说对如何行事的思考是否最终仍取决于非理性的意愿？还有其他的选择吗？

16. 理性和基础

让我们想象一下日常行为动机，它可能是“我想得到它”，或“我喜欢他（所以我要为他做点什么）”，或“那样可以赚很多钱”。行为动机可能是狭隘自私的，也可能是高尚无私的：“它有助于促进最大多数人的最大幸福”或“它使人们摆脱极大的痛苦”，这两种是仁者的行为动机。

这些动机可能非常动人。倘若我们的同情心与其不谋而合，我们就会理解并接受它们。动机在大量对话中起作用，但还没有证据表明它们一**定**要起作用。动机依赖于听众对我们表示赞同的程度，即对人的一般特征的赞同程度，或依赖一些相同的感受。动机看起来依赖于我们的情感或情绪，但情感和情绪就其表面来说却无法得到证明。

一种更庄重的东西是理性，它**必须**得到每个人的承认，不受制于人们的同情和偏爱。我把它用大写字母标识出来，称之为**理性**（Reason），理性可能束缚所有人。你不可能仅仅因为自己的不同感受，便忽视或怀疑它。它将产生必然的影响，也就是哲学家有时所说的"逻辑上确实的"力量。它将束缚所有的理性人（只要他们是理智行为人）。如果你向某人提出理性（reason，不是大写的），而他们不予采纳，你可能会说他们麻木不仁或不近人情、冷漠无情或自私自利、轻率鲁莽或意气用事。这些都是人性的弱点，你会为此感到遗憾，但你无法向听众证明它们完全是弱点。如果你向某人提出**理性**，而他们置之不理，问题的性质就不同了：他们的理智处于危险的境地。如果看不见"合情合理"的东西，他们的脑子一定出现了问题。

哲学家的职业特点使他们热衷于推理，因此，他们会想当然地希望我们可以找到**理性**。

18世纪之前，许多道德哲学家认为人类能够发现理性。他们认为伦理学基本原则的正确性可以透过"自然存在的理性之光"体现出来。这些原则像代数、几何公理一样确定不疑；你可以从椅子等客观实物中看到它们是真实存在的。它们是固有的、"不言自明的"，在许多人看来它们是由一位仁慈的神灵为我们设计的。因此，忽视它们将是不敬神的行为。然而，这一理论到17世纪末逐渐式微，尤其是对那些经验主义哲学家来说更是如此，他们相信感觉经验是知识的来源，而不迷信所谓"神的启示”。人们认识到，可证实性的获得不能依赖上帝的证言。但即使是伟大的经验主义者约翰·洛克（1632—1704）也赞成道德原则有一定的理性基础：

> 我不怀疑，从这些不证自明的观点出发，通过必然得出的、如同数学命题那样无可争辩的结论，对于任何一个以相同的中立和专注对待这些学科的人来说，对与错的判断标准都有可能被解释清楚。

洛克认为道德的理性基础原则上可行，但它们还不是现实存在。这种观点在18世纪被推翻，推翻的力量首先来自“感伤主义者”沙夫茨伯里伯爵（1671—1713）和弗朗西斯·哈奇森，接着遭到对理性的作用持悲观态度的休谟的更强力的抵制。休谟在所有方面都怀疑理性力量，尤其在这点上。他认为理性仅适用于数学和逻辑领域，而对事物存在方式的认识完全来自感觉经验。但他们都没有提供实质性的行为准则，因此人类没有发现**理性**。为便于理解，休谟将这一观点夸张地表达如下：

> 宁愿毁灭整个世界也不愿擦伤手指，这并不违背理性；甘愿接受自我毁灭，以阻止印第安人或与我素不相识的其他人的任何一点不安，这也不违背理性；宁愿接受属于自我的、公认的更小利益，而不愿接受更大的利益，这同样不违背理性。

换句话说，人的理性具有局限性。在数学和逻辑领域，如果我们违背其规律，就不能正常思维，就会毫无思想。我们可以说用理性的科学的方法认识世界。而一旦谈及伦理学，我们就会受到喜好与选择的左右。这时，理性退居幕后，心灵或休谟所谓的激情和情感就会主导一切。当然，我们的激情和情感需要在我们所认知的世界中起作用：无知会导致行动的失败，无论对我们自己还是对其他人都一样。但是，当理性和经验为我们找准定位以后，心灵给我们的行为怎样的暗示，却是另一回事。即使是基本的、别无用心的关怀，如与他人的团结、遵守法规等我们在12节和13节中积极维护的东西，也依赖于同情心。同情心不仅仅受理性支配。他人的困境也是我们行为的动机，这是当然的，但却不是理性。也许主观喜好会受到一些形式上的限制：如比较喜欢甲而不是乙，同时又比较喜欢乙而不是甲，这就有些"非理性"成分（虽然犹豫不决常常并没有什么不妥）。但是仅有理性，还不能从根本上限制人类的激情。

该观点可以通过对比**描述**和**规定**的概念来解释。为了正确描述世界，我们运用理性；我们描述的内容却往往超出理性的范围。事实上，理性完全受制于情感，因为我们必须在需要我们认识的世界中行动："理性是而且只应该是情感的奴隶；除了受制于、服从于情感，它不能妄图与情感有任何其他关系。"

17. 善与善的生活

正如我们在第11节中已接触到的，亚里士多德认为telo（至善）或者人生的目标就是追求一种生活。究竟追求什么样的生活？显然是一种满足基本生理需求的生活（消灭食不果腹、衣不蔽体、居无定所，或许还包括不能满足性需求的生活——最后一项前面加了限定词，因为人不会由于未满足性需求而死）。然而，亚里士多德企图在"预定的"生活和德性生活之间画等号。他还将这种"预定的"生活与理性生活相联系，这似乎构成了伦理学的一种基础。邪恶、愚钝、冷漠或无情的人，是不能运用理性这一人类最高能力的。

但是首先，为什么认为“预定的”或自然的生活就是德性生活？从表面上看，这一等式要求我们乐观地看待人类。我们不必赞成大一统的悲观主义理论，从而担心人类进化过程已使人性充满自私自利、横行霸道、目光短浅或邪恶残暴等恶的一面。当代哲学家伯纳德·威廉姆斯曾生动地描述了一种“关于明亮眼睛与闪亮外套的行为学标准”。根据这一标准，一些卑鄙小人甚至可能过着健康的生活。相反，人们会认为在某些情况下，德性可能要求我们牺牲健康和幸福，甚至要求我们放弃生命。因此，行为道德与安逸生活没有必然联系。

亚里士多德本人也不那么乐观，他强调需要教育和实践来培养德性，因为德性不会像身高和头发一样自然生长。教育则能挖掘“潜力”，至少能挖掘优秀人才的潜力（亚里士多德是精英主义者）。从亚里士多德那里继承来的这一传统有时被称为“德性伦理学”传统。它大胆地将人的自然生活——理性生活、幸福生活及德性生活——糅合到一起，实现这一传统的主要途径是自我的社会属性。在社会中，没有人认为流氓、无赖可以出人头地，流氓、无赖们自己也不会这么认为。不公正的生活很容易成为缺乏保障和让人忧虑的生活。如果有人靠偷盗、诈骗发迹，那么他的财富最终极易化为乌有。

尽管很可能发生此类事件，但不是绝对的。而且，我们高兴地看到这种情况足以揭示人的多种目的性。一个人的道德败坏与其生活衰败之间的一般关系，就足以说明某些目的。例如，教育工作者的心中时刻为教育对象着想，这对他的目的来说就足够了。教育工作者不会有哄骗、扯谎倾向或乘人之危的习惯，因为这些行为会破坏他的幸福生活。我们应该教育我们所关心的人养成有益于自身的习惯，从而踏上德性的康庄大道。总之，通过做好事（至少避免作恶），人们会活得自在坦然。

到目前为止情形还不错，但如果认为理想生活与德性生活之间的对等是由自然决定的，那肯定是错误的。至于说它大致是正确的，那仅仅因为它是由其文化决定的。首先，它是通过不断培养而获得的**教育**成果和**政治**成就，需要得到持续的关注。这至少有以下三个原因：第一，德性伦理学通过教育向受教育者逐渐灌输尊重他人和自尊的品质，这些品质是出卖灵魂所不能得到的回报。十恶不赦的人对此则毫不在乎。第二，它用稳定的政局和良好的社会制度制约坏人，例如使其因被揭露而受损或使其声名扫地。当世风败坏、社会失控时，坏人就可能继续坑蒙拐骗。第三，它巧妙地运用文化传统或政治制度，揭露各种道德败坏现象。

为了认清最后一点，让我们回忆一下受压迫社会群体的现状。假设女性普遍缺乏男性享有的机会和社会资源，这个社会中的男性（及女性）就不可能意识到这里存在着问题，传统价值观在他们头脑中根深蒂固。良家妇女的定义就是心甘情愿地被男性驯服、顺从于男性的女子。在这种社会里，欺压女子的男性没有恶意，不会引起他所在意的其他人尤其是其他男人的鄙视。在他自己及朋友甚至其他女性看来，他不会因此受到影响，甚至可以飞黄腾达。当我们对待外族人时，这一现象会更加突出。我们曾提到遮挡其他树木的阳光从而枝繁叶茂的大树，以及剥夺第三世界的其他族群，包括儿童的经济和教育机会而优裕发达的西方白人男子的例子。希望通过自身发达来激发对**他们**的关注，这是远远不够的。我们仅在**我们**当中衡量自身的发展程度（戈雅知道这一点，见图12）。

图12 《仿佛他们是另一物种》，弗朗西斯科·德-戈雅

亚里士多德学派的现代哲学家不像亚里士多德本人那样藐视地位低下的人及外来人，他们可能会进行反击。他可以主张这种现状需要通过合理解释来维持，这些合理解释主要体现于特权阶级自言自语的谎言中。我们不得不承认活在谎言中的生活（即活在愚人的天堂里），不是兴盛发达的生活。因此，**真正**优裕或**真实的**人类健康蕴含着正义的成分。它意味着只有推翻压迫阶级，我们才能真正生活坦然，关注他人甚至外族人。

然而，对合理解释的需求本身并不是已知情况。有时，当我们活得漫不经心时，我们甚至不需要谎言来维持生存。我们这一代人可以为了繁荣而耗尽世界上所有的资源，不顾将来。我们不必为自己编造理由，来证明后代远不如我们重要，因而他们活该继承一个陷入绝境的世界。我们只是不去想这件事。只有当我们必须与被剥夺者对话时，我们才寻求合理解释。

当我们轻视或忘记被剥夺的外人时，我们是“不理智的”吗？我们肯定没有做到仁慈，我们可能也没有实现正义。但是，即使我们同意亚里士多德派的观点，我们仍对这种观点的影响感到悲观。在它“挖掘”出理性生活或**真正**繁荣生活所要求之条件的范围内，我们会发现人们面对一件假货而完全心安理得。他们想的是最好买到一双廉价跑鞋，而不去过多地考虑它们是怎样生产出来的。为了使这些人不那么心安，我们最终还是要进一步考察实现正义的动机。

18. 绝对命令

康德继承了休谟对**理性**的挑战（见第16节）。我们可以在实际讨论中通过思考平常的主题，来探讨康德的观点。当我们试图阻止人们以某些方式行动时，一个有效的质问是：如果大家都这么做怎么办？这个测验有时被称作“普遍性”测验。如果回答是假如人人都这么做将产生严重后果，我们就会因为做了这件事而愧疚。例如，我们可能认为自己应该得到豁免，却不同意一般人也能得到。

康德提出了普遍性测验并不断推行它。在他的努力下，普遍性测验不仅成为伦理学**体系中**的特殊理论——似乎是使人们三思而后行或让人感到愧疚的一种策略，而且成为**支持**伦理学的不可或缺的基础。它发展成为伦理学的奠基石，使理性成为伦理学的唯一基础。这一测验赋予我们**理性**，尤其是在约定俗成或强制命令的领域里。1785年，康德在他著名的短篇论著《道德形而上学基础》中揭示了它是如何赋予人类理性的。这部作品比道德哲学史上任何一本著作所激起的爱与恨都要多，所引起的评论都要热烈。

普遍性测验听起来好像是黄金法则的一个版本：“推己及人”——基督教有时宣称它为其教义之一，几乎任何一种伦理传统中都能看到它的影子，包括在孔子（前551—前479）创立的儒家思想里。康德认为他的观点不仅仅是黄金法则，而且应该有更深远的意义。例如，他曾指出黄金法则可能被滥用。罪犯会用它来攻击法官，问法官如果是他本人被审判，他会有何感受——尽管这一判决仍会公正不倚。一个生活在优越环境中的人会很乐意同意：如果他有理由不为别人提供好处，那么，别人也不应该为他提供好处。显而易见，他遵守了黄金法则。因此，我们需要某些更加复杂的结构设计。

康德首先将他希望谈论的东西与他所谓的“心力智慧”，如理解力、智力、判断力，以及气质优势，如勇气、毅力甚至仁慈等区分开来。甚至将其与财富、幸福以及令人钦佩的品质——节制进行了区分。所有这些都不是“本身即为善”，因为它们可能被误用，可能带来痛苦。甚至幸福都不是令人向往的，如恶人的幸福就不是。仁慈会使我们误入歧途——例如，它会让无权享受的人尽享奢华。并且“恶棍的冷漠无情使他不但变得非常危险，而且会很快在我们眼中变得比他不冷漠时更为面目可憎”。

唯一就其本身而言是善的，是善良意愿。即使有善良意愿的行为人，“由于命运不顺，或由于继母般吝啬的天性”而无法经常做大量的善事，只要他有善良意愿，这愿望就会“由于其自身的原因发出珍珠般耀眼的光芒”。

但什么是善良意愿？康德考察人们行善的情况，这种行善甚至是他们的一种义务（不是来自责任感），这种义务来自如个人利益、善心或虚荣心等其他倾向。有一个典型事例：一个店主从不向新顾客多收钱，仅仅因为这样做会有损于自己的利益。或许他估计这个顾客在此情况下更有可能是回头客，或小店的信誉会给他带来更大利润。店主的行为十分诚恳，但并不是因为他认为**应该**这样做。这里没有自身闪耀的珍珠，并不是善良意愿在起作用。那么是什么在起作用呢？

从类似这样的案例可以看出，答案的轮廓逐渐清晰。善良意愿是有良好动机的行为，是基于法律或责任感的行为。“责任是出于对法律的尊重而采取的必要行动。”我们本身能够代表行动规则，善良意愿是与这一代表关系相一致的行为。因此，道德的核心不在于我们所做的事，而在于我们行为的动机：“当道德价值产生分歧时，重要的不是我们所看见的外在行为，而是我们看不见的内在行为准则。”

我们可能会说这种观点言之有理。康德似乎在赞扬认真尽责的人，或讲原则、有正义感、正直之人。这个人一旦认识到“这些、那些是责任”，就会坚定不移、坚守原则、毫不动摇地去做。从某些方面讲，这是一种高尚的心理活动，尽管这种心理也会造成许多伤害，因为人的良知可能会像任何东西一样扭曲堕落。有人质疑为什么针对仁慈等品质的批评没有指向正直，因为从上述意义上说，正直也可能是恶。

有的著作者也提醒我们：在人生的许多情形中，正直并不是我们所需要的。我们常常希望人们出于爱或感激行事，而不是为了履行责任。善良的父母带孩子去参加娱乐活动，是为了让孩子开心。另一位家长出于责任感带自己的孩子去，则没有前者的意愿。为尽责而亲吻恋人的人，该被一脚踢开才对。但这些不是康德的根本批判。他会允许善良的父母或恋人或捐助者在某些范畴中获得高度赞扬，但问题在于，对他来说这些不属于**道德**范畴。人们只是借助责任感才发现优秀道德的。

这里有一个更为根本的难点：康德的回答似乎要求某些内容**首先**要列入责任清单。如果有人问："我的责任是什么？"只说"依责任感行事"无济于事，唯一的回答该是："我的责任就在于依责任感行事。"

所以，我们必须找到突破口，但目前为止我们还不知如何突破。那么，如何才能让我们更接近康德所应许的基础？他的行动是惊人的，不论是速度还是结果：

> 那是什么样的法则？它的表现必须决定意愿，为了这种意愿成为所谓的至善和无限，它甚至不考虑我们从中所期待的效果。因为在遵从法则中，我抛弃了所有冲动的意愿，只剩下行动对普遍法则的服从，这种服从单独构成意愿的原则，也就是说，我只能以以下方式行动，即我在行动的

同时可以期待自己所信奉的准则成为普遍法则。

这就是著名的绝对命令，或更确切地说是绝对命令的雏形，即所谓的普遍律公式。后来康德以其他形式对其加以表述：一是“在行动中假设你的行为准则能经由你的意志成为**普遍的自然律**（自然律公式）”。另一句可能算最有影响力的名言是：“按人性原则行动，永远不要把你自己和其他任何人仅仅当作手段，而要同时当作目的（人性公式）。”我们完全不清楚上述两种表述是否能相互引申，康德则认为它们同样重要。

康德的理由是，我们在这里既有实质性的道德准则，即一条准则的不同表述，也有仅被理性验证的准则。这最后一个命题不容易实现，但也许其思想内容是这样展开的。

如休谟所指出的，我们应设想在伦理道德领域没有**理性**存在——只有特定个体的愿望、意志，并不一定得到任何他人的认同或尊重。而康德却认为绝对命令的形式本质使它具有普遍的权威。你不能轻视普遍性以维护自己的行为准则。一旦轻视这种普遍性，无疑就公开承认了自己是没有**理性**的。这一论断一旦成立，我们就有了必要基础：伦理学只能从**理性**中发展而来。

不幸的是，当涉及这一原则的应用时，事情变得有些纷乱。现实生活中，绝对命令真正发挥作用的、最有说服力的情形是：某一规则或习俗的存在依赖于足够多的人的充分遵守。假设我们做出允诺与接受允诺的能力依赖于我们对信守承诺这一准则的普遍遵循（现在看来似乎有道理）。如果我们经常不兑现承诺，或者失信成为“自然法则”，那么就不存在所谓的承诺或失信，因为应许的语言不再有所要求的约束力。因此，康德认为有些人的行为准则是：“迫于巨大压力时做出允诺，但并不打算兑现。”接着，康德指出，我可以有说谎的意愿，但我**不**希望说谎成为普遍法则，因为依此法则，根本不存在诺言。那将是在期待一种矛盾。因此，我们有抵制虚假承诺的**理性**。

一切都言之有理，但试想一个竭力反对做出承诺、接受承诺的人，为什么他不应该企图从内部破坏规则：通过做出虚假承诺，以期破坏人们的合作和相互信任？当然，一个真诚、善良甚或谨慎的人没有那种企图，但如果康德仅仅诉诸这些德性，其理论的纯粹形式表象就会开始消逝。我们仅有理由反对虚假谎言，而不是反对**理性**。

在此，有一个关于信用卡制度的案例。信用卡的存在是因为每月都有许多人未能付清欠费，从而使发卡银行有利可图。设想在这样的信用卡社会中，若人人都能按月付清欠费，就会存在一种矛盾。假设我的行为准则是“只要愿意，随时付清欠费”。我可以将这一信条“普及化”，并使之普遍约束所有人吗？令人始料不及的是，答案或许是肯定的。即使在一个人人都总是能够付清欠费的社会里，我们所看到的可能也只是人们仅在愿意的时候才偿还卡上的欠费。只要人们并非经常愿意付清欠费，这一点也许就是真的，因为消费的冲动往往比储蓄的愿望强烈。因此，人们难得愿意付清全部欠费，他们会继续维持现状，并且不会违反绝对命令。同样，只要情况不是**非常频繁**地如此严峻，一个人就可能总是遵循“在情况这般严峻时撒谎、不守信用、偷窃和骗税”的原则。这种制度延续了下来，网开一面的可能性也随之延续下来。

如果我们回顾一下前文谈到的误用黄金法则的男子，第三种限制便出现了。该男子声称只要人们能原谅他不为大众谋福利，他便不会在意人们让不让他享受利益。康德认为该男子未能通过绝对命令测试，表明他**可能**跌入深渊，从而需要他人帮助。但是，这显然要引起崇尚人性至上的人们的反驳：他可能不会跌入深渊，并且情愿冒险。他可能希望人人互不出手相助，因为他可以寄望于自给自足。

康德部分是从绝对命令之普遍法则公式的抽象高度出发的。事实上他辩称，人类依绝对命令——高尚的心灵——行动的能力本身就是绝对的、无条件的价值。他认为事实上我们从不敢肯定我们仅仅在依责任感而行事，因为我们的动机往往是多样的，并非显而易见的。但至少我们可以行动起来。我们可以使自己远离凡俗的欲望和意愿，使自己按义务的要求行事。这一能力本身使我们从根本上获得尊重和自尊的资格。我们为自己的理性而自豪。事实上，当我们提供了理性时，也表明我们内心是多么尊重理性。因此，它理应在所有能找到它的地方，即任何理智的人身上得到充分尊重。

这一论点（或类似于论点的东西：这些文本晦涩难懂）将康德带入人性公式：“按人性原则行动，永远不要把你自己和别人仅仅当作手段，而要同时当作目的。”当然，我们很难看出它的确切含义，但其大意——牢记相互尊重——显然引人注目，并且可能比牢记相互关爱更为可行。我们更没有把握是否因为能够制定约束自身的法则我们才受到尊重，大概因为我们在许多方面彼此相似才应该相互尊重。战场上，一心要奴役敌方的侵袭者忘记了共有的人性，包括爱、受难、希望、恐惧和记忆的能力，他们没有仅仅忘记战败者也能遵循通常法则进行推理。

许多人认为康德进行了寻找**理性**的最好尝试，从而仅基于理性证明了伦理学的正当性。许多人希望这种尝试能成功，担心一旦失败将会造成的后果，于是有大型研究机构试图找到对这一可行方法更复杂的解释。但是，这种做法能否对康德思想有所贡献，这一点值得怀疑：他是个伟大的民主主义者，他相信所有理性之人都很容易看到绝对命令的必要性。

19. 契约和话语

有的作者认为，康德哲学方法的一种派生思想（常被称为"契约论"）为伦理学提供了坚实的基础，或至少为涉及人们相互之间权利和义务的许多伦理学理论提供了基础。美国当代哲学家托马斯·M.斯坎伦提出了这一问题最新研究成果的核心表述：

> 在特定环境中，如果一个行为不符合通常的行为准则所蕴含的既定原则，它就是错误的；没人会否认这些原则作为人所共知的、非强制性的一般契约的基础。

与康德的理论一样，这种观点也关注普遍性和理性。当代德国哲学家于尔根·哈贝马斯的"话语伦理学"与康德的理论有细微的区别。他认为行为准则必须是：

> 所有受到该准则影响的人都能接受由对规则的普遍遵从所带来的结果和负面效应；这种遵从是为了实现每个人的利益要求，它将引发的后果也是可以预见的（这些后果比那些已知的其他可能性更易被接受）。

哈贝马斯的表述比斯坎伦的略为具体。它保留了某种功利主义色彩：所设想的对话或契约发生在关心所有人利益满足的行为人当中，他们关注的是最大多数人的最大幸福。与其相对，在前一种表述中，斯坎伦的言论对什么是“合理拒绝”表达太笼统。举例说，假设我们当前正在讨论是以资本主义原则组建我们的社会，还是更多地采纳共产主义或社会主义原则。现有一条建议可能导致财富分配不均，一名与会人员据此拒绝接受它，我们可以允许她这样做吗？或者允许她列出有限的几条理由，譬如这条建议可能会损坏她的个人利益？在以上两种情形下，其理由（reason）真是康德所认为的**理性**（Reason）吗？

这些问题对契约论的观点提出了一种限制。似乎会话的参与者需要提出某种已经存在的价值观。这些就是他们准备提出或接受的理由。如果对话在具有先入为主的偏颇论据的人当中展开，产生的结果也将是上述内容。举个常见例子，假设人们认为女性的利益原本就没有男性的重要，并假设他们的文化已使女性接受这一观点，那么，一整套来自“自然”约定的原则在这一方面正是不平等的。听起来，我们似乎需要将平等主义理念、自由理念或可被视为法定利益或权利的理念在某处**引入**对话，以便在另一处**引出**它们。我们也需要摈弃其他一些价值观，如男女不平等的思想，或对某些特定类型的人的普遍恐惧，或宗教思想中对特定生活方式的推崇。因此，有人担心谈论话语和契约会发生短路式的冲突，它掩盖了价值观的真正根源，这种根源必定落在别处。

最具代表性的观点体现在约翰·罗尔斯[①]所著的《正义论》中。该书是一部具有极大影响力的作品，自1971年问世以来，在道德哲学和政治哲学领域一直占据着主导地位。罗尔斯将契约

① 约翰·罗尔斯（1921—2002），美国著名政治哲学家，哈佛大学教授，代表作为《正义论》。

观点仅应用于为社会秩序寻求总体的正义原则。他谨慎地限定了契约的缔结各方进行思索的范围，设想他们在“无知之幕”背后才能找到这样的总体原则，也就是说，他们不知道自己随后将在社会中扮演什么角色。其观点的基本思路是：假若你不知自己将成为富人或穷人、男性或女性、雇主或雇员，你将努力接受那些在各群体间实现正义的原则。这就如同你在切蛋糕，却不知自己会得到哪一块，这样将保证分配的公正性。事实上，罗尔斯将这一概念称为“作为公平的正义”。

缔约者也不可将具体的价值观带入对话中，但他们可以将人类所共同关心的内容，如人身安全、财产安全、基本需求的满足、自尊的基础，引入会话中。罗尔斯指出，在这些情况下，他们应该而且能够达成的共识是广泛保护自由的宪法，这是预料之中的。尽管受制于自由的限制（例如法律不允许用额外财富来置换言论自由），这部宪法同时也调节经济活动，为了维护最贫困人群的利益而调节经济活动。那不是自由市场的政体，也不是纯粹的平等主义或共产主义政体，它极其类似于西欧民主社会主义国家，他们有基本的“最低福利”。

然而，这一制度比西欧各国更激进（“左”）。因为在得到基本福利之后，最贫困人群可以进而提出重新分配资源。他们可以继续提出这种要求，直到这些要求对经济的影响足够大，以致整个社会财富开始减少，因为此时人们没有充分的工作积极性，从而导致最贫困人口的处境每况愈下。换句话说，社会、经济秩序的首要任务是实现最少受惠者的最大利益。

不管人们认为罗尔斯对社会的看法多么有诱惑力，它让人再次产生怀疑：这种契约观是否能起作用。听起来罗尔斯更像是在描述一个受某些人拥护的社会。除了嫉妒自由，并且极度

"厌恶风险"外，这些人对幸福生活没有其他特殊的看法。他们惶惶不可终日，反对不平等的经济秩序。这意味着，他们对跌入一种不平等经济秩序的底层的恐惧，更甚于对另一种经济秩序的看重，这种秩序允许富人更富，但穷人的境遇更为恶劣。或许我们许多人正是如此，尽管也有许多人愿意以自由作赌注换取经济优势地位，或以安全换取机会。然而，契约机制似乎行不通，我们仅剩下缔结契约时的偏好和价值观。它们是文明的、具有诱惑力的、谨慎的，甚至是得到广泛认可的偏好，但除此之外没有更多的内容。

然而，在寻找共同观点的过程中产生的伦理观，其形象也有吸引人之处。我们想象中的对话是共同努力以解决我们共同关心的问题。我们的目的是要找到伦理学的程序基础。伦理原则是在任何理性的合作过程中所形成的对共同行为准则的认同。

20. 共同观点

当伟大的哲学家（譬如康德）在进行哲学探究时超越自身能力，或看起来有这种趋向时，我们可能会怀疑即将得出的观点是否可靠。事实上，在康德之前的哲学家的思想中，我们已经可以清楚地看到真知灼见。

让我们回顾一下为行为或总体态度提供理由或接受理由。这一点对身处社会中的我们来说是必要的，但它需要人们做出假设，假设我所提出的理由（基于我的观点的理由）**可以**从**你的**观点得到认可。若我的理由得不到你的认可，关于现实问题的讨论会演变成一边倒的"我、我、我"独语，而对方也一样。这样双方就不可能对形势的分析达成**共识**，或对促成将采取的行动的因素达成**一致意见**。为了实现合作，我们需要共同探讨某个问题，最终达成“一致的”解决方案。休谟就此做出如下论述：

> 当一个人称另一个人为其敌人、竞争者、对头、对手时，他被理解为在讲自爱的语言，在表达他自己所特有的、发源于他自己的特定环境和境况的情感。但是当他赋予任何一个人以邪恶的或可恶的或堕落的这些词藻时，他那时就在讲另外一种语言，在表达他期望所有听众都将由之而与他发生共鸣的情感。因此，他再次必须撇开他私人的特定的境况，选择一个他与他人共通的观点。[①]

因此，理性的实践要求我们讲这“另一种语言”。如果我认为世人将与我共同谴责某人，我不能仅仅说这个人是我的敌人。为了激起公愤，我必须将他描绘成邪恶、堕落、可憎：总之很可恨。

幸运的是，我们可以就以下问题达成共识。讨论选购什么汽车时，我们可以从对车的一般要求中得出共同标准：舒适、可靠、经济实惠、功率大小等等。如果你提出其他与我不同的选择理由，我们会参照统一标准来确定这一因素本身能否作为一个原因。当然，我们不能保证一定会得出共同结论，但我们却能保证得出这种结论的**可能性**。这足以使对话成为理智的选择，而不是通过武力或暴力将一种解决方法强加于每一个人。

用这种方法思考伦理学问题时，我们将从康德的论述中得到一些启发。假设有人曾向我们做出允诺，而她并不打算信守承诺。我们会怀疑康德的愿望，即表明她是非**理性**的，或表明她

① 译文引自《道德原则研究》，休谟著，曾晓平译，商务印书馆2001年版。

处于某种自相矛盾的状态。我们所能表明的可能不仅是我们不喜欢这样，我们至少可以在为就她的行为达成一致看法而进行的任何谈话中，告诉她不要期望我们会赞同或认可她的行为准则。至少，她只能在有一些打动我们的理由时——例如许诺的内容对我们或者我们关心的人的幸福来说是绝对必需的，才能期待我们的赞同。如果行为人不能在这种交谈中为她的原则辩护，即使她不是绝对的非**理性**，也不会得到重视。在与他人理性交往的过程中，她拒绝合作，并漠视共同观点，我们可以说她不尊重**我们的**观点。这是不合理——甚至是非理性——的一种形式。

我们在此也可能立足于社会需求和自然条件。假设我为了某种原因在某种情况下采取了某一行动，于是，向你陈述行动的动机意味着希望你能将我的动机视为**可接受的**，认可这种行为在那种情况下是合情合理的。只要想得到认可，我就需要从普遍观点中寻求正当理由。

我们可能毫不在意实现思想统一。**我们**会排斥**他们**，以他们的无知、其他方面的劣势地位、不合理的标准或恐怖野心为理由。我们可能希望将自己的意愿强加于他人，或者不在乎是否通过强制或欺骗手段取得他们的合作。因此，程序的方法与休谟对**理性**的怀疑颇为一致，他研究普遍观点的方法表明了这一点。凡事总有激情在其后：我们企图避免被强制和控制，希望能驳回那些声称**他们的**利益被忽视的人的指责，希望寻求使**我们**能够勇于面对他们的共同标准。这些也许只不过是我们的关切和热情，但它们毕竟是能推动人性发展的关切和热情。

然而，关于伦理学基础的问题仍然悬而未决，共同观点有时看似一个神话。设想一架钢琴压住了你的脚，正在让你受到伤害。就你这一方面来说，解除皮肉之苦是迫在眉睫的大事，使你有足够的理由立即掀翻钢琴。我如何能理解你的处境？我不能切身感受这种痛，也没有像你那样受到疼痛的刺激。从受害人的立场来看，如果安然无恙的我们慢条斯理地安慰他们，让他们相信我们与他们有同感，那纯粹是一个谎言。“你的痛苦我感同身受”是脱口秀中煽情的胡言乱语。

我们能做的就是接纳他人的行为理由，并使其成为我们自己的。我们不仅理解那个以脚受到伤害为理由搬开钢琴的人，我们还可能把他的痛苦当作我们的行为动机。他的痛**可能**转化为我们的痛——不在脚上，而在我们解救他的愿望。看到他人遭受痛苦却无能为力的善人会感到极其不安。在这种情况下，让我们采取行动的是同情心或仁慈心，而不是任何语言程序规则。我们能在多大程度上对他人痛苦与难处感同身受，这一点不是最主要的。无论从血缘关系还是从方位距离上，当他们与我们更为亲近时，我们往往受到的影响更大。在所有这类情况下，在我们身上起作用的似乎是感情而不是**理性**。在此意义上，道德动机的基础不是关于某种话语的程序性规则，而是我们能够做出回应的情感。正如孔子很早以前就看到的，仁或对人性的关照是所有这一切的必要根基。

21. 回归的信心

在第一章，我们思考了相对主义对伦理学的挑战。看起来我们也许没有很好地回应这种挑战，因为我们仍未发现权威的道德规范被植入客观事物的秩序中。宇宙中，没有神灵书写出良善行为的准则，大自然对是非善恶漠不关心。

我曾说过，出于人性之善，我们由衷地关心这些内容。并非所有的原则都是伪善，我们无论如何都不能漠视道德。我们不仅需要有自己的行为标准，而且还需要得到他人的认可。因此，我们所关心的不是用一些智力或理论上的诡计来“反击”相对主义者，而只能是用我们提倡的一套行为标准来面对来自内部的挑战。

通过从内部认识自我，我们会承认这些标准是我们自己的——仅仅属于我们自己。我们以这些标准为准绳制定法律，为自己，也为他人（当我们需要他们做到礼貌、尊敬或克制时）。它们为我们提供理由，而不是**理性**。而对我们行为的这种理解未必一定是有害的或怀疑性的。相反，当那些标准受到抵制或威胁时，这种认知能激发我们为自己辩护。如果自我理解被证明是揭露性的，那么，它本身就是一个时代之伦理环境的典型产物——在后现代主义时期，构成这种伦理环境的是自我怀疑，缺乏自信，愤世嫉俗，或者仅仅是对以较深入方式思考人类生活的蔑视。

这里有诸如道德知识之类的东西存在吗？道德在进步吗？这些问题不能用科学、宗教、纯粹哲学或逻辑学知识来回答，只有用我们自己的道德观才能解答。幸运的是，我们掌握了无数细微而确凿的事实：快乐胜于痛苦，尊严胜过屈辱。有人遭受痛苦是不幸，一种社会文化对此视而不见则是更大的不幸。活着就比死亡好，努力寻求共同观点比严重蔑视它要好。

关于道德进步的答案同样来自我们拥有的价值观，这并不意味着答案一定就是“是的——进步造就了今天的我们”。这种盲目乐观普遍存在，但并不是从逻辑上强加于我们的。我们可以将我们的标准用于他们自身，结果却不一定是被完全接受。我们可能会担心：我们自身所处的伦理环境在各处不仅不是无可挑剔的，而且比以往更为恶劣。我们可以在大体上追溯黄金时代的传说，那时我们的品质中尚没有当代人所具有的缺陷。我们崇尚儒家的道德秩序，道家强调的天人合一，或斯多葛派的顺从天命，并且对进步心存怀疑。我们可能会赞赏风靡于（比如说）19世纪欧洲的满足感，这种满足感带着沾沾自喜的确信，认为欧洲代表了超越世界其他原始、野蛮地区向文明迈进的步伐。当今我们一味追求权利，丝毫不考虑拥有权利者的能力，我们可能会怀疑这种行为本身是否健康。我们当然也可能会对自满情绪的滋生保持高度警觉。

我们对环境、性差异、性别以及异族等问题越来越敏感。反思这一状况，我们看到琐碎、纤细、来之不易而又不可否认的傲慢之源。如果我们谨慎、成熟、想象力丰富、行事公正、作风正派，并且受幸运之神眷顾，我们大概不会从道德之镜中看到自己成为圣人，但也不会看到自己成为妖魔。

附　录

联合国世界人权宣言[①]

序言

鉴于对人类家庭所有成员的固有尊严及其平等的和不移的权利的承认，乃是世界自由、正义与和平的基础，

鉴于对人权的无视和侮蔑已发展为野蛮暴行，这些暴行玷污了人类的良心，而一个人人享有言论和信仰自由并免于恐惧和匮乏的世界的来临，已被宣布为普通人民的最高愿望，

鉴于为使人类不致迫不得已铤而走险对暴政和压迫进行反叛，有必要使人权受法治的保护，

鉴于有必要促进各国间友好关系的发展，

鉴于各联合国国家的人民已在联合国宪章中重申他们对基本人权、人格尊严和价值以及男女平等权利的信念，并决心促成较大自由中的社会进步和生活水平的改善，

鉴于各会员国业已誓愿同联合国合作以促进对人权和基本

① 译文来源：联合国公共资料处。

自由的普遍尊重和遵行，

鉴于对这些权利和自由的普遍了解对于这个誓愿的充分实现具有很大的重要性，

因此现在，大会，发布这一世界人权宣言，作为所有人民和所有国家努力实现的共同标准，以期每一个人和社会机构经常铭念本宣言，努力通过教诲和教育促进对权利和自由的尊重，并通过国家的和国际的渐进措施，使这些权利和自由在各会员国本身人民及在其管辖下领土的人民中得到普遍和有效的承认和遵行。

第一条

人人生而自由，在尊严和权利上一律平等。他们赋有理性和良心，并应以兄弟关系的精神相对待。

第二条

人人有资格享有本宣言所载的一切权利和自由，不分种族、肤色、性别、语言、宗教、政治或其他见解、国籍或社会出身、财产、出生或其他身分等任何区别。

并且不得因一人所属的国家或领土的政治的、行政的或者国际的地位之不同而有所区别，无论该领土是独立领土、托管领土、非自治领土或者处于其他任何主权受限制的情况之下。

第三条

人人有权享有生命、自由和人身安全。

第四条

任何人不得使为奴隶或奴役；一切形式的奴隶制度和奴隶买卖，均应予以禁止。

第五条

任何人不得加以酷刑，或施以残忍的、不人道的或侮辱性的待遇或刑罚。

第六条

人人在任何地方有权被承认在法律前的人格。

第七条

法律之前人人平等，并有权享受法律的平等保护，不受任何歧视。人人有权享受平等保护，以免受违反本宣言的任何歧视行为以及煽动这种歧视的任何行为之害。

第八条

任何人当宪法或法律所赋予他的基本权利遭受侵害时，有权由合格的国家法庭对这种侵害行为作有效的补救。

第九条

任何人不得加以任意逮捕、拘禁或放逐。

第十条

人人完全平等地有权由一个独立而无偏倚的法庭进行公正的和公开的审讯，以确定他的权利和义务并判定对他提出的任何刑事指控。

第十一条

凡受刑事控告者，在未经获得辩护上所需的一切保证的公开审判而依法证实有罪以前，有权被视为无罪。

任何人的任何行为或不行为，在其发生时依国家法或国际法均不构成刑事罪者，不得被判为犯有刑事罪。刑罚不得重于犯罪时适用的法律规定。

第十二条

任何人的私生活、家庭、住宅和通信不得任意干涉，他的荣誉和名誉不得加以攻击。人人有权享受法律保护，以免受这种干涉或攻击。

第十三条

人人在各国境内有权自由迁徙和居住。

人人有权离开任何国家,包括其本国在内,并有权返回他的国家。

第十四条

人人有权在其他国家寻求和享受庇护以避免迫害。

在真正由于非政治性的罪行或违背联合国的宗旨和原则的行为而被起诉的情况下,不得援用此种权利。

第十五条

人人有权享有国籍。

任何人的国籍不得任意剥夺,亦不得否认其改变国籍的权利。

第十六条

成年男女,不受种族、国籍或宗教的任何限制有权婚嫁和成立家庭。他们在婚姻方面,在结婚期间和在解除婚约时,应有平等的权利。

只有经男女双方的自由和完全的同意,才能缔婚。

家庭是天然的和基本的社会单元,并应受社会和国家的保护。

第十七条

人人得有单独的财产所有权以及同他人合有的所有权。

任何人的财产不得任意剥夺。

第十八条

人人有思想、良心和宗教自由的权利;此项权利包括改变他的宗教或信仰的自由,以及单独或集体、公开或秘密地以教义、实践、礼拜和戒律表示他的宗教或信仰的自由。

第十九条

人人有权享有主张和发表意见的自由；此项权利包括持有主张而不受干涉的自由，和通过任何媒介和不论国界寻求、接受和传递消息和思想的自由。

第二十条

人人有权享有和平集会和结社的自由。

任何人不得迫使隶属于某一团体。

第二十一条

人人有直接或通过自由选择的代表参与治理本国的权利。

人人有平等机会参加本国公务的权利。

人民的意志是政府权力的基础；这一意志应以定期的和真正的选举予以表现，而选举应依据普遍和平等的投票权，并以不记名投票或相当的自由投票程序进行。

第二十二条

每个人，作为社会的一员，有权享受社会保障，并有权享受他的个人尊严和人格的自由发展所必需的经济、社会和文化方面各种权利的实现，这种实现是通过国家努力和国际合作并依照各国的组织和资源情况。

第二十三条

人人有权工作、自由选择职业、享受公正和合适的工作条件并享受免于失业的保障。

人人有同工同酬的权利，不受任何歧视。

每一个工作的人，有权享受公正和合适的报酬，保证使他本人和家属有一个符合人的生活条件，必要时并辅以其他方式的社会保障。

人人有为维护其利益而组织和参加工会的权利。

第二十四条

人人有享有休息和闲暇的权利，包括工作时间有合理限制和定期给薪休假的权利。

第二十五条

人人有权享受为维持他本人和家属的健康和福利所需的生活水准，包括食物、衣着、住房、医疗和必要的社会服务；在遭到失业、疾病、残废、守寡、衰老或在其他不能控制的情况下丧失谋生能力时，有权享受保障。

母亲和儿童有权享受特别照顾和协助。一切儿童，无论婚生或非婚生，都应享受同样的社会保护。

第二十六条

人人都有受教育的权利，教育应当免费，至少在初级和基本阶段应如此。初级教育应属义务性质。技术和职业教育应普遍设立。高等教育应根据成绩而对一切人平等开放。

教育的目的在于充分发展人的个性并加强对人权和基本自由的尊重。教育应促进各国、各种族或各宗教集团间的了解、容忍和友谊，并应促进联合国维护和平的各项活动。

父母对其子女所应受的教育的种类，有优先选择的权利。

第二十七条

人人有权自由参加社会的文化生活，享受艺术，并分享科学进步及其产生的福利。

人人对由于他所创作的任何科学、文学或美术作品而产生的精神的和物质的利益，有享受保护的权利。

第二十八条

人人有权要求一种社会的和国际的秩序，在这种秩序中，本宣言所载的权利和自由能获得充分实现。

第二十九条

人人对社会负有义务，因为只有在社会中他的个性才可能得到自由和充分的发展。

人人在行使他的权利和自由时，只受法律所确定的限制，确定此种限制的唯一目的在于保证对旁人的权利和自由给予应有的承认和尊重，并在一个民主的社会中适应道德、公共秩序和普遍福利的正当需要。

这些权利和自由的行使，无论在任何情形下均不得违背联合国的宗旨和原则。

第三十条

本宣言的任何条文，不得解释为默许任何国家、集团或个人有权进行任何旨在破坏本宣言所载的任何权利和自由的活动或行为。

索 引

（条目后的数字为原文页码）

R

S

T

U

V

W

Simon Blackburn

ETHICS

A Very Short Introduction

Contents

Preface

This Very Short Introduction is shorter than *Think*, my other introductory book, to which it stands as a younger sibling. *Think* grew from a conviction that most introductions to philosophy were unnecessarily dry and offputting; the present volume grew from a parallel conviction that most introductions to ethics failed to confront what really bothers people about the subject. What bothers them, I believe, are the many causes we have to fear that ethical claims are a kind of sham. The fear is called by names like relativism, scepticism, and nihilism. I have tried to weave the book around an exploration of them. But by the end it will be up to each reader to decide whether they have been laid to rest, or whether, if like Dracula they rise again, they are at least de-fanged.

I was invited to write this book by the editor of the series, Shelley Cox, whose confidence and encouragement have been towers of strength to me. The actual writing was done (will date the book) at the Research School of Social Sciences of the Australian National University, perhaps the most agreeable place in the world to embark on such a project. I owe thanks to Michael Smith for the hospitality of the School. The University of North Carolina at Chapel Hill has always given me marvellous research support, and an equally marvellous critical audience of colleagues and graduate students. Among them, I owe thanks to Adrienne Martin, who read the proofs. As always, my principal debt is to my wife Angela, whose editorial and typesetting skills are not usually at the service of an author under the same roof, and so needed matching by her equally remarkable patience and cheer.

SWB

24 November 2000

List of illustrations

Introduction

We have all learned to become sensitive to the physical environment. We know that we depend upon it, that it is fragile, and that we have the power to ruin it, thereby ruining our own lives, or more probably those of our descendants. Perhaps fewer of us are sensitive to what we might call the moral or ethical environment. This is the surrounding climate of ideas about how to live. It determines what we find acceptable or unacceptable, admirable or contemptible. It determines our conception of when things are going well and when they are going badly. It determines our conception of what is due to us, and what is due from us, as we relate to others. It shapes our emotional responses, determining what is a cause of pride or shame, or anger or gratitude, or what can be forgiven and what cannot. It gives us our standards – our standards of behaviour. In the eyes of some thinkers, most famously perhaps G. W. F. Hegel (1770–1831), it shapes our very identities. Our consciousness of ourselves is largely or even essentially a consciousness of how we stand for other people. We need stories of our own value in the eyes of each other, the eyes of the world. Of course, attempts to increase that value can be badly overdone, as Paul Klee shows (Fig. 1).

The workings of the ethical environment can be strangely invisible. I was once defending the practice of philosophy on a radio programme where one of the other guests was a professional

1. Paul Klee, 'Two Men Meet, Each Believing the Other To Be in a Higher Position'. A comment on the servility often involved in the ambition for respect.

survivor of the Nazi concentration camps. He asked me, fairly aggressively, what use philosophy would have been on a death march? The answer, of course, was not much – no more than literature, art, music, mathematics, or science would be useful at such a time. But consider the ethical environment that made such events possible. Hitler said, 'How lucky it is for rulers that men cannot think.' But in saying this he sounded as if he, too, was blind to the ethical climate that enabled his own ideas, and hence his power, to flourish. This climate included images of the primordial purity of a particular race and people. It was permeated by fear for the fragile nature of this purity. Like America in the post-war McCarthy era, it feared pollution from 'degenerates' outside or within. It included visions of national and racial destiny. It included ideas of apocalyptic transformation through national solidarity and military dedication to a cause. It was hospitable to the idea of the leader whose godlike vision is authoritative and unchallengeable. In turn, those ideas had roots in misapplications of Darwinism, in German Romanticism, and indeed in some aspects of Judaism and Christianity. In short, Hitler could come to power only because people *did* think – but their thinking was poisoned by an enveloping climate of ideas, many of which may not even have been conscious. For we may not be aware of our ideas. An idea in this sense is a tendency to accept routes of thought and feeling that we may not recognize in ourselves, or even be able to articulate. Yet such dispositions rule the social and political world.

There is a story about a physicist visiting his colleague Niels Bohr, and expressing surprise at finding a good-luck horseshoe hanging on the wall: 'Surely you are not superstitious?' 'Oh, no, but I am told it works whether you believe in it or not.' Horseshoes do not, but the ethical climate does.

An *ethical* climate is a different thing from a *moralistic* one. Indeed, one of the marks of an ethical climate may be hostility to moralizing, which is somehow out of place or bad form. Thinking that will itself be a something that affects the way we live our lives.

So, for instance, one peculiarity of our present climate is that we care much more about our rights than about our 'good'. For previous thinkers about ethics, such as those who wrote the Upanishads, or Confucius, or Plato, or the founders of the Christian tradition, the central concern was the state of one's soul, meaning some personal state of justice or harmony. Such a state might include resignation and renunciation, or detachment, or obedience, or knowledge, especially self-knowledge. For Plato there could be no just political order except one populated by just citizens (although this also allows that inner harmony or 'justice' in citizens requires a just political order – there is nothing viciously circular about this interplay).

Today we tend not to believe that; we tend to think that modern constitutional democracies are fine regardless of the private vices of those within them. We are much more nervous talking about our good: it seems moralistic, or undemocratic, or elitist. Similarly, we are nervous talking about duty. The Victorian ideal of a life devoted to duty, or a calling, is substantially lost to us. So a greater proportion of our moral energy goes to protecting claims against each other, and that includes protecting the state of our soul as purely private, purely our own business. We see some of the workings of this aspect of our climate in this book.

Human beings are ethical animals. I do not mean that we naturally behave particularly well, nor that we are endlessly telling each other what to do. But we grade and evaluate, and compare and admire, and claim and justify. We do not just 'prefer' this or that, in isolation. We prefer that our preferences are shared; we turn them into demands on each other. Events endlessly adjust our sense of responsibility, our guilt and shame, and our sense of our own worth and that of others. We hope for lives whose story leaves us looking admirable; we like our weaknesses to be hidden and deniable. Drama, literature, and poetry all work out ideas of standards of behaviour and their consequences. This is overtly so in great art. But it shows itself just as unmistakably in our relentless appetite for gossip and the confession shows and the soap opera. Should Arlene tell Charlene that Rod knows that Tod kissed Darlene, although nobody has told Marlene? Is it required by loyalty to Charlene or would it be a betrayal of Darlene? Watch on.

Reflection on the ethical climate is not the private preserve of a few academic theorists in universities. After all, the satirist and cartoonist, as well as the artist and the novelist, comment upon and criticize the prevailing climate just as effectively as those who get known as philosophers. The impact of a campaigning novelist, such as Harriet Beecher Stowe, Dickens, Zola, or Solzhenitsyn, may be much greater than that of the academic theorist. A single photograph may have done more to halt the Vietnam War than all the writings of moral philosophers of the time put together (see below).

Philosophy is certainly not alone in its engagement with the ethical

2. Hung Cong ('Nick') Ut, 'Accidental Napalm Attack, 1972'.

climate. But its reflections contain a distinctive ambition. The ambition is to understand the springs of motivation, reason, and feeling that move us. It is to understand the networks of rules or 'norms' that sustain our lives. The ambition is often one of finding system in the apparent jumble of principles and goals that we respect, or say we do. It is an enterprise of self-knowledge. Of course, philosophers do not escape the climate, even as they reflect on it. Any story about human nature in the contemporary climate is a result of human nature and the contemporary climate. But such stories may be better or worse, for all that.

Admiring the enterprise, aspiring to it, and even tolerating it, are themselves moral stances. They can themselves flourish or wither at different times, depending on how much we like what we see in the mirror. Rejecting the enterprise is natural enough, especially when things are comfortable. We all have a tendency to complacency with our own ways, like the English aristocrat on the Grand Tour: 'The Italians call it a *coltello*, the French a *couteau*, the Germans a *Messer*, but the English call it a knife, and when all is said and done, that's what it is.'

We do not like being told what to do. We want to enjoy our lives, and we want to enjoy them with a good conscience. People who disturb that equilibrium are uncomfortable, so moralists are often uninvited guests at the feast, and we have a multitude of defences against them. Analogously, some individuals can insulate themselves from a poor physical environment, for a time. They may profit by creating one. The owner can live upwind of his chemical factory, and the logger may know that the trees will not give out until after he is dead. Similarly, individuals can insulate themselves from a poor moral environment, or profit from it. Just as some trees flourish by depriving others of nutrients or light, so some people flourish by depriving others of their due. The Western white male may flourish because of the inferior economic or social status of people who are not Western, or white, or male. Insofar as we are like that, we will not want the lid to be lifted.

Ethics is disturbing. We are often vaguely uncomfortable when we think of such things as exploitation of the world's resources, or the way our comforts are provided by the miserable labour conditions of the Third World. Sometimes, defensively, we get angry when such things are brought up. But to be entrenched in a culture, rather than merely belonging to the occasional rogue, exploitative attitudes will themselves need a story. So an ethical climate may allow talking of 'the market' as a justification for *our* high prices, and talking of 'their selfishness' and 'our rights' as a justification for anger at *their* high prices. Racists and sexists, like antebellum slave owners in America, always have to tell themselves a story that justifies their system. The ethical climate will sustain a conviction that *we* are civilized, and *they* are not, or that *we* deserve better fortune than *them*, or that *we* are intelligent, sensitive, rational, or progressive, or scientific, or authoritative, or blessed, or alone to be trusted with freedoms and rights, while *they* are not. An ethic gone wrong is an essential preliminary to the sweat-shop or the concentration camp and the death march.

I therefore begin this book with a look at the responses we sometimes give when ethics intrudes on our lives. These are responses that in different ways constitute threats to ethics. After that, in Part Two, we look at some of the problems that living throws at us, and in particular the clash between principles of justice and rights, and less forbidding notions such as happiness and freedom. Finally, in Part Three we look at the question of foundations: the ultimate justification for ethics, and its connection with human knowledge and human progress.

Part One
Seven threats to ethics

This section looks at ideas that destabilize us when we think about standards of choice and conduct. In various ways they seem to suggest that ethics is somehow impossible. They are important because they themselves can seep into the moral environment. When they do, they can change what we expect from each other and ourselves, usually for the worse. Under their influence, when we look at the big words – justice, equality, freedom, rights – we see only bids for power and clashes of power, or we see only hypocrisy, or we see only our own opinions, unworthy to be foisted onto others. Cynicism and self-consciousness paralyse us. In what follows we consider seven such threats.

1. The death of God

For many people, ethics is not only tied up with religion, but is completely settled by it. Such people do not need to think too much about ethics, because there is an authoritative code of instructions, a handbook of how to live. It is the word of Heaven, or the will of a Being greater than ourselves. The standards of living become known to us by revelation of this Being. Either we take ourselves to perceive the fountainhead directly, or more often we have the benefit of an intermediary – a priest, or a prophet, or a text, or a tradition sufficiently in touch with the divine will to be able to communicate it to us. Then we know what to do. Obedience to the divine will is meritorious, and brings reward; disobedience is lethally punished. In the Christian version, obedience brings triumph over death, or everlasting life. Disobedience means eternal Hell.

In the 19th century, in the West, when traditional religious belief began to lose its grip, many thinkers felt that ethics went with it. It is not to the purpose here to assess whether such belief should have lost its grip. Our question is the implication for our standards of behaviour. Is it true that, as Dostoevsky said, 'If God is dead, everything is permitted'? It might seem to be true: without a lawgiver, how can there be a law?

Before thinking about this more directly, we might take a diversion through some of the shortcomings in traditional religious instruction. Anyone reading the Bible might be troubled by some of its precepts. The Old Testament God is partial to some people above others, and above all jealous of his own pre-eminence, a strange moral obsession. He seems to have no problem with a slave-owning society, believes that birth control is a capital crime (Genesis 38: 9–10), is keen on child abuse (Proverbs 22: 15, 23: 13–14, 29: 15), and, for good measure, approves of fool abuse (Proverbs 26: 3). Indeed, there is a letter going around the Internet, purporting to be written to 'Doctor Laura', a fundamentalist agony aunt:

> *Dear Dr Laura,*
>
> *Thank you for doing so much to educate people regarding God's Law. I have learned a great deal from you, and I try to share that knowledge with as many people as I can. When someone tries to defend the homosexual lifestyle, for example, I simply remind him that Leviticus 18: 22 clearly states it to be an abomination. End of debate. I do need some advice from you, however, regarding some of the specific laws and how to best follow them.*
>
> *a. When I burn a bull on the altar as a sacrifice, I know it creates a pleasing odor for the Lord (Lev. 1:9). The problem is my neighbors.*

They claim the odor is not pleasing to them. How should I deal with this?

b. I would like to sell my daughter into slavery, as it suggests in Exodus 21: 7. In this day and age, what do you think would be a fair price for her?

c. I know that I am allowed no contact with a woman while she is in her period of menstrual uncleanliness (Lev. 15: 19–24). The problem is, how do I tell? I have tried asking, but most women take offense.

d. Leviticus 25: 44 states that I may buy slaves from the nations that are around us. A friend of mine claims that this applies to Mexicans, but not Canadians. Can you clarify?

e. I have a neighbor who insists on working on the Sabbath. Exodus 35: 2 clearly states he should be put to death. Am I morally obligated to kill him myself?

f. A friend of mine feels that even though eating shellfish is an abomination (Lev.10:10), it is a lesser abomination than homosexuality. I don't agree. Can you settle this?

g. Leviticus 21: 20 states that I may not approach the altar of God if I have a defect in my sight. I have to admit that I wear reading glasses. Does my vision have to be 20/20, or is there some wiggle room here?

I know you have studied these things extensively, so I am confident you can help. Thank you again for reminding us that God's word is eternal and unchanging.

Things are usually supposed to get better in the New Testament, with its admirable emphasis on love, forgiveness, and meekness. Yet the overall story of 'atonement' and 'redemption' is morally dubious, suggesting as it does that justice can be satisfied by the sacrifice of an innocent for the sins of the guilty – the doctrine of the scapegoat. Then the persona of Jesus in the Gospels has his fair share of moral quirks. He can be sectarian: 'Go not into the way of the Gentiles, and into any city of the Samaritans enter ye not. But go rather to the lost sheep of the house of Israel' (Matt. 10: 5–6). In a similar vein, he refuses help to the non-Jewish woman from Canaan with the chilling racist remark, 'It is not meet to take the children's bread, and cast it to dogs' (Matt. 15: 26; Mark 7: 27). He wants us to be gentle, meek, and mild, but he himself is far from it: 'Ye serpents, ye generation of vipers, how can ye escape the damnation of hell?' (Matt. 23: 33). The episode of the Gadarene swine shows him to share the then-popular belief that mental illness is caused by possession by devils. It also shows that animal lives – also anybody else's property rights in pigs – have no value (Luke 8: 27–33). The events of the fig tree in Bethany (Mark 11: 12–21) would make any environmentalist's hair stand on end.

Finally there are sins of omission as well as sins of commission. So we might wonder as well why he is not shown explicitly countermanding some of the rough bits of the Old Testament. Exodus 22: 18, 'Thou shalt not suffer a witch to live', helped to burn alive tens or hundreds of thousands of women in Europe and America between around 1450 and 1780. It would have been helpful to suffering humanity, one might think, had a supremely good and caring and knowledgeable person, foreseeing this, revoked the injunction.

All in all, then, the Bible can be read as giving us a carte blanche for harsh attitudes to children, the mentally handicapped, animals, the environment, the divorced, unbelievers, people with various sexual habits, and elderly women. It encourages harsh attitudes to ourselves, as fallen creatures endlessly polluted by sin, and hatred of ourselves inevitably brings hatred of others.

The philosopher who mounted the most famous and sustained attack against the moral climate fostered by Christianity was Friedrich Nietzsche (1844–1900). Here he is in full flow:

Under Christianity the instincts of the subjugated and the oppressed come to the fore: it is only those who are at the bottom who seek their salvation in it. Here the prevailing pastime, the favourite remedy for boredom is the discussion of sin, self-criticism, the inquisition of conscience; here the emotion produced by power (called 'God') is pumped up (by prayer); here the highest good is regarded as unattainable, as a gift, as 'grace'. Here, too, open dealing is lacking; concealment and the darkened room are Christian. Here body is despised and hygiene is denounced as sensual; the church even ranges itself against cleanliness (– the first Christian order after the banishment of the Moors closed the public baths, of which there were 270 in Cordova alone). Christian, too, is a certain cruelty toward one's self and toward others; hatred of unbelievers; the will to persecute . . . And Christian is all hatred of the intellect, of pride, of courage, of freedom, of intellectual libertinage; Christian is all hatred of the senses, of joy in the senses, of joy in general.

Obviously there have been, and will be, apologists who want to defend or explain away the embarrassing elements. Similarly, apologists for Hinduism defend or explain away its involvement with the caste system, and apologists for Islam defend or explain away its harsh penal code or its attitude to women and infidels. What is interesting, however, is that when we weigh up these attempts we are ourselves in the process of assessing moral standards. We are able to stand back from any text, however entrenched, far enough to ask whether it represents an admirable or acceptable morality, or whether we ought to accept some bits, but reject others. So again the question arises: where do these standards come from, if they have the authority to judge even our best religious traditions?

The classic challenge to the idea that ethics can have a religious foundation is provided by Plato (c. 429–347 BC), in the dialogue known as the *Euthyphro*. In this dialogue, Socrates, who is on the point of being tried for impiety, encounters one Euthyphro, who sets himself up as knowing exactly what piety or justice is. Indeed, so sure is he, that he is on the point of prosecuting his own father for causing a death.

> EUTH. *Yes, I should say that what all the gods love is pious and holy, and the opposite which they all hate, impious.*
>
> SOC. *Ought we to enquire into the truth of this, Euthyphro, or simply to accept the mere statement on our own authority and that of others? What do you say?*
>
> EUTH. *We should enquire; and I believe that the statement will stand the test of enquiry.*
>
> SOC. *We shall know better, my good friend, in a little while. The point which I should first wish to understand is whether the pious or holy is beloved by the gods because it is holy, or holy because it is beloved of the gods.*

Once he has posed this question, Socrates has no trouble coming down on one side of it:

> SOC. *And what do you say of piety, Euthyphro: is not piety, according to your definition, loved by all the gods?*
>
> EUTH. *Yes.*
>
> SOC. *Because it is pious or holy, or for some other reason?*
>
> EUTH. *No, that is the reason.*
>
> SOC. *It is loved because it is holy, not holy because it is loved?*
>
> EUTH. *Yes.*
>
> SOC. *And that which is dear to the gods is loved by them and is in a state to be loved of them because it is loved of them?*
>
> EUTH. *Certainly.*
>
> SOC. *Then that which is dear to the gods, Euthyphro, is not holy, nor is that which is holy loved of God, as you affirm; but they are two different things.*

EUTH. How do you mean, Socrates?

SOC. I mean to say that the holy has been acknowledged by us to be loved of God because it is holy, not to be holy because it is loved.

The point is that God, or the gods, are not to be thought of as *arbitrary*. They have to be regarded as selecting the *right* things to allow and to forbid. They have to latch on to what is holy or just, exactly as we do. It is not given that they do this simply because they are powerful, or created everything, or have horrendous punishments and delicious rewards in their gifts. That doesn't make them *good*. Furthermore, to obey their commandments just because of their power would be servile and self-interested. Suppose, for instance, I am minded to do something bad, such as to betray someone's trust. It isn't good enough if I think: 'Well, let me see, the gains are such-and-such, but now I have to factor in the chance of God hitting me hard if I do it. On the other hand, God is forgiving and there is a good chance I can fob him off by confession, or by a deathbed repentance later . . . ' These are not the thoughts of a good character. The good character is supposed to think: 'It would be a betrayal, so I won't do it.' That's the end of the story. To go in for a religious cost-benefit analysis is, in a phrase made famous by the contemporary moral philosopher Bernard Williams, to have 'one thought too many'.

The detour through an external god, then, seems worse than irrelevant. It seems to distort the very idea of a standard of conduct. As the moral philosopher Immanuel Kant (1724–1824) put it, it encourages us to act in *accordance* with a rule, but only because of fear of punishment or some other incentive; whereas what we really want is for people to act out of *respect* for a rule. This is what true virtue requires. (I discuss these ideas of Kant's more fully in Part Three.)

We might wonder whether only a vulgarized religion should be condemned so strongly. The question then becomes, what other kind is there? A more adequate conception of God should certainly stop him from being a vindictive old man in the sky. Something more abstract, perhaps? But in that mystical direction lies a god who stands a long way away from human beings, and also from human good or bad. As the Greek Stoic Epicurus (341–271 BC) put it:

> *The blessed and immortal nature knows no trouble itself nor causes trouble to any other, so that it is never constrained by anger or favour. For all such things exist only in the weak.*

A really blessed and immortal nature is simply too *grand* to be bothered by the doings of tiny human beings. It would be unfitting for it to be worked up over whether human beings eat shellfish, or have sex one way or another.

The alternative suggested by Plato's dialogue is that religion gives a mythical clothing and mythical authority to a morality that is just there to begin with. Myth, in this sense, is not to be despised. It gives us symbolism and examples that engage our imaginations. It is the depository for humanity's endless attempts to struggle with death, desire, happiness, and good and evil. When an exile reminisces, she will remember the songs and poems and folktales of the homeland rather than its laws or its constitution. If the songs no longer speak to her, she is on the way to forgetting. Similarly, we may fear that when religion no longer speaks to us, we may be on our way to forgetting some important part of history and human experience. This may be a moral change, for better or worse. In this analysis, religion is not the foundation of ethics, but its showcase or its symbolic expression.

In other words, we drape our own standards with the stories of divine origin as a way of asserting their authority. We do not *just* have a standard of conduct that forbids, say, murder, but we have mythological historical examples in which God expressed his displeasure at cases of murder. Unhappily myth and religion stand at the service of bad morals as well. We read back what we put in, magnified and validated. We do not just fear science, or want to take other peoples' land, but we have examples in which God punishes the desire for knowledge, or commands us to occupy the territory. We have God's authority for dominating nature, or for regarding *them* – others different from ourselves – as inferior, or even criminal. In other words, we have the full depressing spectacle of people not only wanting to do something, but projecting upon their gods the commands making it a right or a duty to do it. Religion on this account is not the source of standards of behaviour, but a projection of them, made precisely in order to dress them up with an absolute authority. Religion serves to keep *us* apart from *them*, and no doubt it has other social and psychological functions as well. It can certainly be the means whereby unjust political authority keeps its subjects docile: the opium of the people, as Marx put it. The words of the hymn – God made the rich man in his castle and the poor man at his gate – help to keep the lower orders resigned to their fates.

If all this is right, then the death of God is far from being a threat to ethics. It is a necessary clearing of the ground, on the way to revealing ethics for what it really is. Perhaps there cannot be laws without a lawgiver. But Plato tells us that the ethical laws cannot be the arbitrary whims of personalized gods. Maybe instead we can make our own laws.

2. Relativism

So instead of anything with supernatural authority, perhaps we are faced simply with rules of our own making. Then the thought arises that the rules may be made in different ways by different people at different times. In which case, it seems to follow that there is no one truth. There are only the different truths of different communities. This is the idea of relativism. Relativism gets a very bad press from most moral philosophers. The 'freshman relativist' is a nightmare figure of introductory classes in ethics, rather like the village atheist (but what's so good about village theism?). Yet there is a very attractive side to relativism, which is its association with toleration of different ways of living. Nobody is comfortable now with the blanket colonial certainty that just our way of doing things is right, and that other people need forcing into those ways. It is good that the 19th-century alliance between the missionary and the police has more or less vanished. A more pluralistic and relaxed appreciation of human diversity is often a welcome antidote to an embarrassing imperialism.

The classic statement occurs in Book III of Herodotus's *Histories*. The Greek historian Herodotus (from the 5th century BC) is criticizing the king Cambyses, son of Cyrus of Persia, who showed insufficient respect for Persian laws:

> *Everything goes to make me certain that Cambyses was completely mad; otherwise he would not have gone in for mocking religion and tradition. If one were to order all mankind to choose the best set of rules in the world, each group would, after due consideration, choose its own customs; each group regards its own as being by far the best. So it is unlikely that anyone except a madman would laugh at such things.*
>
> *There is plenty of other evidence to support the idea that this opinion of one's own customs is universal, but here is one instance. During Darius's reign, he invited some Greeks who were present to a conference, and asked them how much money it would take for them to be prepared to eat the corpses of their fathers; they replied that they would not do that for any amount of money. Next, Darius summoned some members of the Indian tribe known as Callatiae, who eat their parents, and asked them in the presence of the Greeks, with an interpreter present so that they could understand what was being said, how much money it would take for them to be willing to cremate their fathers' corpses; they cried out in horror and told him not to say such appalling things. So these practices have become enshrined as customs just as they are, and I think Pindar was right to have said in his poem that custom is king of all.*

There are two rather different elements here. One is that the law of custom is all that there is. The other is that the law of custom deserves such respect that only those who are raving mad will mock it. In our moral climate, many people find it easier to accept the first than the second. They suppose that if our standards of conduct are 'just ours', then that strips them of any real authority. We might equally well do things differently, and if we come to do so there is neither real gain nor real loss. What is just or right in the eyes of one people may not be so in the eyes of another, and neither side can claim real truth, unique truth, for its particular rules. Arguing about ethics is arguing about the place of the end of the rainbow: something which is one thing from one point of view, and another from another. A different way of putting it would be that any particular set of standards is purely conventional, where the idea of convention implies that there are other equally proper ways of doing things, but that we just happen to have settled on one of them. As the philosopher says in Tom Stoppard's play *Jumpers*, 'Certainly a tribe which believes it confers honour on its elders by eating them is going to be viewed askance by another which prefers to buy them a little bungalow somewhere.' But he also goes on to point out that in each tribe *some* notion of honour, or some notion of what it is fitting to do, is at work.

Why does Herodotus show such scorn of Cambyses? It is conventional to drive on either the right or the left, since each is an equally good solution to the problem of coordinating which side we drive. Presumably, then, just *because* of that, a latter-day Cambyses who mocked our slavish obedience to the one rule or the other would be mad. Certainly, there is only here the law of custom. But it is necessary for there to be *some* rule, and hence there is nothing at all to mock about whichever one we have hit upon.

In turn that suggests a limitation to the relativism. For now there come into view norms or standards that are transcultural. In the United States and Europe they drive on the right and in Britain and Australia on the left, but in each country there has to be one rule, or chaos reigns and traffic grinds to a halt. Funerary practices certainly vary, as Darius showed, but perhaps in every community, ever since we stopped dragging our knuckles, there have been needs and emotions that require satisfying by *some* ritual of passing. If an airliner of any nationality goes down, the relatives and friends of the victims feel grief, and their grief is worse when there is no satisfactory 'closure' or suitably dignified way of identifying and interring those who are lost. In Sophocles' tragedy *Antigone* (441 BC) the heroine is torn between two unyielding demands: she must obey the king, who has forbidden burial to his dead opponents in battle, and she must bury her brother, who was among them. The second demand wins, and not only the ancient Greeks, but we today, understand why. The play translates: Antigone's sense of honour makes sense to us.

So we are faced with a distinction between the transcultural requirement 'We need some way of coping with death' and the local implementation 'This is the way we have hit upon'. This is what qualifies the relativism. If everybody needs the rule that there should be some rule, that itself represents a universal standard. It can then be suggested that the core of ethics is universal in just this way. Every society that is recognizably human will need some institution of property (some distinction between 'mine' and 'yours'), some norm governing truth-telling, some conception of promise-giving, some standards restraining violence and killing. It will need some devices for regulating sexual expression, some sense of what is appropriate by way of treating strangers, or minorities, or children, or the aged, or the handicapped. It will need some sense of how to distribute resources, and how to treat those who have none. In other words, across the whole spectrum of life, it will need some sense of what is expected and what is out of line. For human beings, there is no living without standards of living. This certainly suggests part of an answer to relativism, but by itself it only gets us so far. For there is no argument here that the standards have to be fundamentally the same. There might still be the 'different truths' of different peoples.

We can approach the idea of universality a different way, however, and a way that brings into focus what is for many a serious moral dilemma. We saw above that toleration is often a good, and we do well to put many imperialistic certainties behind us. When in Rome do as the Romans do – but what if the Romans go in for some rather nasty doings? We do not have to lift the lid very far to find societies whose norms allow the systematic mistreatment of many groups. There are slave-owning societies and caste societies, societies that tolerate widow-burning, or enforce female genital mutilation, or systematically deny education and other rights to women. There are societies where there is no freedom of political expression, or whose treatment of criminals cannot be thought of without a shudder, or where distinctions of religion or language bring with them distinctions of legal and civil status.

Here we have a clash. On the one hand there is the relativist thought that 'If they do it that way, it's OK for them and in any event none of my business'. On the other there is the strong feeling most of us have that these things just should not happen, and we should not stand idly by while they do. We have only perverted or failed solutions to the problems of which standards to implement, if the standards end up like that.

Here it is natural to look to the language of justice and of 'rights'. There are human rights, which these practices flout and deny. But the denial of rights is everybody's concern. If young children are denied education but exploited for labour, or if, as in some North African countries, young girls are terrifyingly and painfully mutilated so that thereafter they cannot enjoy natural and pleasurable human sexuality, that is not OK, anywhere or any time. If *they* do it, then *we* have to be against *them.*

Many people will want to take such a stand, but then they get confused and defeated by the relativistic thought that, even as we say this, it is still 'just us'. The moral expressions of the last two paragraphs embody good, liberal, Western standards. They are cemented in documents such as the United Nations' Universal Declaration of Human Rights (Appendix; an extract is below).

Article 1

All human beings are born free and equal in dignity and rights. They are endowed with reason and conscience and should act towards one another in a spirit of brotherhood.

Article 2

Everyone is entitled to all the rights and freedoms set forth in this Declaration, without distinction of any kind, such as race, colour, sex, language, religion, political or other opinion, national or social origin, property, birth or other status.

Furthermore, no distinction shall be made on the basis of the political, jurisdictional or international status of the country or territory to which a person belongs, whether it be independent, trust, non-self-governing or under any other limitation of sovereignty.

Article 3

Everyone has the right to life, liberty and security of person.

Article 4

No one shall be held in slavery or servitude; slavery and the slave trade shall be prohibited in all their forms.

Article 5

No one shall be subjected to torture or to cruel, inhuman or degrading treatment or punishment.

Article 6

Everyone has the right to recognition everywhere as a person before the law.

Article 7

All are equal before the law and are entitled without any discrimination to equal protection of the law. All are entitled to equal protection against any discrimination in violation of this Declaration and against any incitement to such discrimination.

The United Nations' Universal Declaration of Human Rights: The First Seven Articles

But are they any more than just ours, just now? And if we cannot see them as more than that, then who are we to impose them on others? Multiculturalism seems to block liberalism.

We can, of course, insist on our standards, or thump the table. But while we think of ourselves as doing *no more* than thumping the table, there will be a little voice saying that we are 'merely' imposing our wills on the others. Table-thumping displays our confidence, but it will not silence the relativistic imp on our shoulders. This is illustrated by a nice anecdote of a friend of mine. He was present at a high-powered ethics institute which had put on a forum in which representatives of the great religions held a panel debate. First the Buddhist talked of the ways to calm, the mastery of desire, the path of enlightenment, and the panellists all said, 'Wow, terrific, if that works for you that's great.' Then the Hindu talked of the cycles of suffering and birth and rebirth, the teachings of Krishna and the way to release, and they all said, 'Wow, terrific, if that works for you that's great.' And so on, until the Catholic priest talked of the message of Jesus Christ, the promise of salvation, and the way to life eternal, and they all said, 'Wow, terrific, if that works for you that's great.' And he thumped the table and shouted, 'No! It's not a question of if it works for me! It's the true word of the living God, and if you don't believe it you're all damned to hell!'

And they all said, 'Wow, terrific, if that works for you that's great.'

The joke here lies in the mismatch between what the priest intends – a claim to unique authority and truth – and what he is heard as offering, which is a particular avowal, satisfying to him, but only to be tolerated or patronized, like any other. The moral is that once a relativist frame of mind is really in place, nothing – no claims to truth, authority, certainty, or necessity – will be audible except as one more saying like all the others. Of course that person talks of certainty and truth, says the relativist. That's just *his* certainty and truth, made absolute for him, which means no more than 'made into a fetish'.

Can we find arguments to unsettle the relativist's frame of mind? Can we do more than thump the table? If we cannot, does that mean we have to stop thumping it? We return to these questions in the final section of this book. Meanwhile, here are two thoughts to leave with. The first counteracts the idea that we are just 'imposing' parochial, Western standards when, in the name of universal human rights, we oppose oppressions of people on grounds of gender, caste, race, or religion. Partly, we can say that it is usually not a question of imposing anything. It is a question of cooperating with the oppressed and supporting their emancipation. More importantly, it is usually not at all certain that the values we are upholding are so very alien to the others (this is one of the places where we are let down by thinking simplistically of hermetically sealed cultures: *them* and *us*). After all, it is typically only the oppressors who are spokespersons for *their* culture or *their* ways of doing it. It is not the slaves who value slavery, or the women who value the fact that they may not take employment, or the young girls who value disfigurement. It is the brahmins, mullahs, priests, and elders who hold themselves to be spokesmen for *their* culture. What the rest think about it all too often goes unrecorded. Just as victors write the history, so it is those on top who write their justification for the top being where it is. Those on the bottom don't get to say anything.

The second thought is this. Relativism taken to its limit becomes subjectivism: not the view that each culture or society has its own truth, but that each individual has his or her own truth. And who is to say which is right? So, when at the beginning of the last section I offered some moral remarks about the Old and New Testaments, I can imagine someone shrugging, 'Well, that's just your opinion.' It is curious how popular this response is in moral discussions. For notice that it is a conversation-stopper rather than a move in the intended conversation. It is not a reason for or against the proffered opinion, nor is it an invitation for the speaker's reasons, nor any kind of persuasion that it is better to think something else. Anyone sincere is of course voicing their own opinion – that's a tautology (what else could they be doing?). But the opinion is put forward as something to be agreed with, or at any rate to be taken seriously or weighed for what it is by the audience. The speaker is saying, 'This is my opinion, and here are the reasons for it, and if you have reasons against it we had better look at them.' If the opinion is to be rejected, the next move should be, 'No, you shouldn't think that because . . .' That is, an ethical conversation is not like 'I like ice-cream', 'I don't', where the difference doesn't matter. It is like 'Do this', 'Don't do this', where the difference is disagreement, and does matter.

Sometimes, indeed, ethical conversations need stopping. We are getting nowhere, we agree to differ. But not always. Sometimes we shouldn't stop, and sometimes we cannot risk stopping. If my wife thinks guests ought to be allowed to smoke, and I think they ought not, we had better talk it through and do what we can to persuade the other or find a compromise. The alternatives may be force or divorce, which are a lot worse. And in our practice, if not in our reflections, we all know this. The freshman relativists who say, 'Well, it's just an opinion,' one moment, will demonstrate the most intense attachment to a particular opinion the next, when the issue is stopping hunting, or preventing vivisection, or permitting abortion – something they care about.

The conversation-stopping response is tempting because of a philosophical view. This is that ethics is somehow 'ungrounded'. The view is that there is nothing to show that one view or another is right, or nothing in virtue of which an ethical remark can be true. Ethics has no subject matter. This kind of thought has a potent philosophical backing. We suppose that the world is exhausted by what *is* the case. A creating event only has to make the physical world, and everything else, including humanity, rolls out. But the physical world contains only *is* and not *ought*. So there is no fact making ethical commitments true. Nor could we detect any such fact. We can have no senses (ears, eyes, touch) for responding to ethical facts, and no instruments for detecting their truth. We respond only to what *is* true, never to what *ought* to be true. Thus nihilism, or the doctrine that there are no values, grips us, as well as scepticism, the doctrine that even if there were, we would have no way of knowing about them.

I come back to this later, at the end of Part Three. But however the philosophy pans out, it is premature to think that discussion about who or what to admire, how to behave, or what we owe to each other should cease because of it. There must be a course between the soggy sands of relativism and the cold rocks of dogmatism.

3. Egoism

We are pretty selfish animals. Perhaps it is worse than that: perhaps we are totally selfish animals. Perhaps concern for others, or concern for principle, is a sham. Perhaps ethics needs unmasking. It is just the whistle on the engine, not the steam that moves it.

How can we tell? Let us think about method for a moment. On the face of it, there are two fairly good methods for finding what people actually care about. One is to ask them, and gauge the sincerity of their response and the plausibility of what they say. The other is to see what they do and try to do. Neither method is infallible. People may deceive us. And they may be deceived about themselves. Incidentally, this is not, as is commonly supposed, an insight due to Freud. It has a philosophical, literary, and theological pedigree probably stretching back to the origins of thought itself. A nice early example is the idea of the Greek Stoics that all ambition is due to fear of death: if a man wants statues raised to himself, it is because unconsciously he is afraid of dying, but of course he is not likely to realize that. A permanent strand in Christian thought is that we have no insight, or even lie to ourselves, about our heart's desires.

Ordinarily, we can cope with fallibility by shrinking the likelihood of a mistake. We can check on what people say by seeing what they do. A man may present himself as a dutiful and nurturing father, and believe himself to be such. But if he never makes or takes an opportunity to be with his children, we have our doubts. Suppose, though, he does make such opportunities, and gladly takes them, and shows few or no regrets for what other pleasures he may be missing by taking them. Then the thing is settled: he cares about his children. In other cases, the diagnosis of smoke screen and hypocrisy beckons. The British government, not unlike others, currently uses the rhetoric of moral duty, civilized missions, and the rest in order to sound good about putting peace-keepers into many of the one hundred or so countries to whom it regularly and copiously sells arms. It is not too difficult to see the mask of concern for what it is. Everyone likes to have the words of ethics on their side (as Smilby illustrates on the next page).

Does our nurturing father really care for his children? Fallibility still threatens. Life and literature throw up cases where everything looks in line with one interpretation, yet another one seems to be hovering. Maybe this model father is scared of his wife, and knows that behaviour that apparently indicates concern for his children is what she expects. Or he may be scared of public opinion, or be angling for a certain kind of reputation to further his political

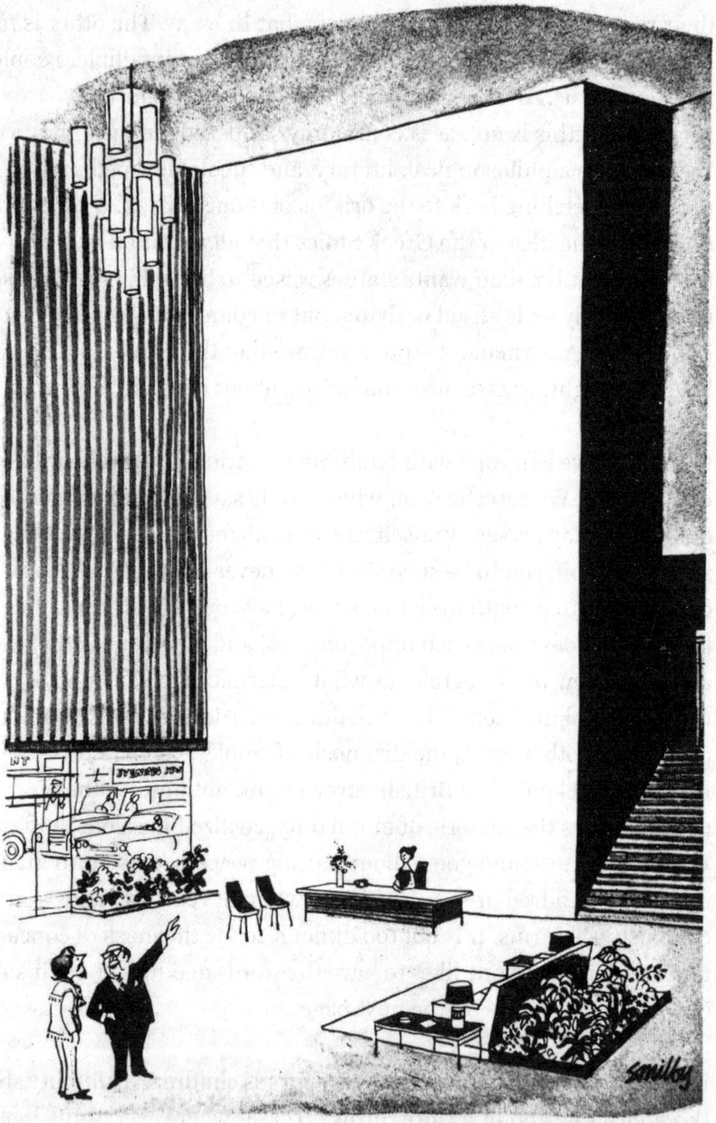

3. 'This is the wall, Foster. We'd like you to knock up some sort of apt and symbolic mural – you know the sort of thing – The Chairman and Board presiding over the Twin Spirits of Art and Industry as they rise from the Waters of Diligence to reap the rich harvest of Prosperity while the Three Muses, Faith, Hope, and Charity flanked by Enterprise and Initiative, bless the Corporation and encourage the shareholders.' (Cartoon by Smilby.)

career. We can look at the settled pattern of his behaviour as well as his sayings, and still wonder whether things are as they seem.

We can, but again we have methods to follow. Suppose the man's wife disappears, but he goes on nurturing as before. Or suppose his political career dies, yet he still carries on as a good father should. This rules out the idea that it was fear of his wife or hope of office that motivated him. The natural interpretation, that he cares for the children and enjoys being with them, is the only one to survive.

In the 19th and 20th centuries, these homely methods began to lose ground. As the Stoics did, people bowed before the idea of hidden and unconscious meanings, uncovered only by a Grand Unifying Theory of human nature. The idea had one foot in 'hermeneutics' or the practice of interpretation. This was originally the enterprise of discovering hidden 'signatures' written by God into natural features, so that, for example, the shape of plants might indicate what they would cure. It also meant uncovering the hidden meanings behind the analogies, parables, and apparently unbelievable historical reports of Scripture. In its modern application, to the hermeneutic eye things may be similarly far from what they seem. So we get the view that pacifism conceals aggression, or a desire to help masks a desire for power, or politeness is an expression of contempt, or contented celibacy expresses a raging desire to procreate. Perhaps everything comes down to sex, or status, or power, or death – hermeneutics is very good at one-word solutions. It is also good at one-word dismissals of any rejection of its one-word solutions: the truth is repressed; it is hidden by false consciousness. In fact, the subject's resistance to any proffered hermeneutic interpretation can become an index of how true it is. The ideology becomes closed.

Keeping our feet on the ground, we should ask what distinguishes appropriate or accurate use of this method from mere fancy. The philosopher Karl Popper (1902–94) told a story about describing a case to the psychoanalyst Alfred Adler. Adler listened to the description, and unhesitatingly pronounced castration anxiety, father jealousy, desire to sleep with the mother, or whatever it was. When he had finished, Popper asked him how he knew. 'Because of my thousand-fold experience', came the reply. 'And with this new case', said Popper, according to his own report, 'I suppose your experience has become a thousand-and-one-fold.' Grand Unifying Theories do not often stoop to offer themselves to empirical test.

We have strayed here from ethics into fascinating general issues in the theory of knowledge. I will make only one further remark. A Grand Unifying Theory can go along with good insights. It can unify otherwise disparate and puzzling human phenomena. In his famous book *The Theory of the Leisure Class* (1899), the sociologist Thorstein Veblen noticed a whole slew of strange facts along the following lines. First, itinerant workers who earn reasonable money tend to be 'showy', carrying flashy jewellery and large bankrolls, going in for high-stake poker games, and the like. Rooted peasants who could easily afford it never do so. Second, people deplore the taste of others who are just a little beneath them in wealth and social status, more than they deplore the taste of those a long way beneath them. Third, an aristocrat will prefer an able-bodied man as a butler or footman, rather than a female or someone handicapped who could do the job equally well. Fourth, a well-kept lawn or park is a good thing round a nice house.

Veblen unified these odd facts and many others with the theory that people have a need for wasteful display in order to manifest their status. The itinerant has to display this status on his person, and hence the flashy appearance. We need to shout that we are not like those just beneath us on the social ladder, for whom we might be mistaken, more than we need to shout that we are not like those a long way beneath us, for whom we won't be mistaken. The aristocrat (who might, after all, be impoverished) can better signal plenty by keeping able-bodied servants in unproductive jobs than if he keeps otherwise unemployable ones in their positions. Hence footmen and butlers. Similarly with gardens, lawns, and parks, which are beautiful just because they are ornamental and unproductive (Veblen thought the need controls aesthetic judgements as well). Veblen's insight is summed up as the doctrine of 'conspicuous consumption'. But the label is in fact a misnomer. The rooted peasant does not consume conspicuously. He does not have to, just because everyone he cares about knows to within an atom what he is worth.

The view that consumption has a lot more to do with vanity or status than we might have supposed is immediately plausible and was anticipated by many other thinkers, including Adam Smith (1723–90). But once Veblen has stated it in a more precise form, we can test it against our own experience and find if it works. It has the hallmarks of a good scientific theory. It is simple. It gives a unified explanation of otherwise diverse and disconnected patterns of behaviour. It is predictive (for instance, it would predict the pressure on the rooted peasant to put on a suit for his journey to town, where his worth is unknown). And it is falsifiable: for we might come across instances where the theory seems not to work, and it would need adjusting or abandoning in the light of them.

Most Grand Unifying Theory, and particularly what we might dub Grand Unifying Pessimism, is not so well-favoured. Consider the dispiriting view that everybody always acts out of their own self-interest. It can be very unclear what this means, but taken at face value it is obviously false. People *neglect* their own interest or *sacrifice* their own interest to other passions and concerns. This neglect or sacrifice need not even be high-minded: the moralist Joseph Butler (1692–1752) gives the example of a man who runs upon certain ruin in order to avenge himself for an insult. Friends with his interest at heart might try to dissuade him, but fail. What this man may need to do is to act *more* out of self-interest, so that anticipating his ruin checks his desire for revenge. But if his desire had been for the welfare of others, or for the preservation of the rain forest, or for the reduction of Third-World debt, the fact that he was neglecting or sacrificing his own interest might have seemed irrelevant. It is what the situation calls for in his eyes, and if we share his standards, perhaps in ours as well. If he spends his fortune or ruins his health on these objects, he may regard himself as only having done what he had to do.

There is a trick to be guarded against at this point. Someone might read the last paragraph and complain: 'That is all very well if we think of someone's self-interest only in terms of money, or career, or even health. Certainly, people sacrifice these to other concerns. But then we just have agents whose *real* interest or full self-interest includes these other things: the revenge or the rain forest or the Third-World debt. They are still just as self-interested as anyone else.' The reason this is a trick is that it empties the view of all content. It kidnaps the word 'self-interest' for *whatever* the agent is concerned about. But just for that reason it loses any predictive or explanatory force. With this understanding of interest or self-interest you could never say, 'Watch, the agent won't do this but will do that because, like all agents, she acts out of self-interest.' All you can do is wait to see what the agent in fact does, and then read back and boringly announce that this is where her interest lay. The move is not only boring but a nuisance, since, as Butler puts it, this is not the language of mankind. It would have us saying that if I stand back in order for the women and children to get in the lifeboat, then my self-interest lay in their being in the lifeboat rather than me. And this is just not the way we describe such an action. It appears to add a cynical reinterpretation of the agent, but in fact it adds nothing.

Perhaps surprisingly, we can see the general falsity of egoism by thinking of particular cases where it is indeed true. These are cases where an appearance of some larger concern does in fact disguise self-interest. Suppose two people give to a charity. Suppose it comes out that the charity is corrupt, and proceeds do not go to the starving poor but to the directors. And suppose that on receiving this news the first person is irritated and angry, not so much at the directors of the charity, but at the person bringing the news ('Why bring this up? Just let me be'); whereas the second person is indignant at the directors themselves. Then we can reasonably suggest that the first person prized his own peace of mind or reputation for generosity more than he cared about the starving poor; whereas the second has a more genuine concern for what goes on in the world, not for whether he is comfortable or how he stands in the eyes of others.

Fortunately, however, we are not all like the first person, or not all the time. We can be indignant at the directors, just as we are indignant at many things that go on around us. We don't always shoot the messenger, and we can want to be told the truth because it is a truth that concerns us.

4. Evolutionary theory

There exists a vague belief that some combination of evolutionary theory, biology, and neuroscience will support a Grand Unifying Pessimism. Indeed, most of the popular books on ethics in the bookstores fall into one of two camps. There are those that provide chicken soup for the soul: soggy confections of consolation and uplift. Or, there are those that are written by one or another life scientist: a neuroscientist or biologist or animal behaviourist or evolutionary theorist, anxious to tell that 'science' has shown that we are all one thing or another. Once more we stand unmasked: human beings are 'programmed'. We are egoists, altruism doesn't exist, ethics is only a fig-leaf for selfish strategies, we are all conditioned, women are nurturing, men are rapists, we care above all for our genes. There is good news and bad news about the popularity of this genre. The good news is that we do have a relentless appetite for self-interpretation. There is a huge desire to find patterns of behaviour, enabling us to understand and perhaps control the human flux. The bad news is that we will accord authority to anyone in a white coat, even when the science is over (for as we are about to see, talking of the significance of science is not talking science).

We should only venture into this literature if we are armed against three confusions. The first is this. It is one thing to explain how we come to be as we are. It is a different thing to say that we are different from what we think we are. Yet these are fatally easy to confuse with each other. Suppose, for instance, evolutionary theory tells us that mother-love is an adaptation. This means that it has been 'selected for', because animals in which it exists reproduce and spread their genetic material more successfully than ones in which it does not. We could, if we like, imagine a 'gene for mother-love'. Then the claim would be that animals with this gene are and have been more successful than animals having only a variant (an allele) that does not code for mother-love (this is likely to be grossly oversimplified, but it's a model that will make the point). The confusion would be to infer that *therefore* there is not really any such thing as mother-love: thus we unmask it! The confusion is to infer that underneath the mask we are only concerned to spread genetic material more successfully.

Not only does this not follow, but it actually contradicts the starting point. The starting point is 'Mother-love exists, and this is why'; the conclusion is that mother-love doesn't exist.

In other words, an evolutionary story, plausible or not, about the genetic function of a trait such as mother-love must not be confused with a psychological story unmasking a mother's 'real concern'. We should not rear a generation of children taught to turn round and say, 'You didn't really care about me, you only cared about your genes.' Perhaps nobody would make this mistake so baldly in this instance. But consider the idea of 'reciprocal altruism'. Game theorists and biologists noticed that animals frequently help each other when it would seem to be to their advantage not to do so. They asked the perfectly good question of how such behaviour could have evolved, when it looks set to lose out to a more selfish strategy. The answer is (or may be) that it is adaptive insofar as it triggers reciprocal helping behaviour from the animal helped, or from others witnessing the original event. In other words, we have a version of 'You scratch my back and I'll scratch yours'.

The explanation may be perfectly correct. It may provide the reason why we ourselves have inherited altruistic tendencies. The confusion strikes again, however, when it is inferred that altruism doesn't *really* exist, or that we don't *really* care disinterestedly for one another – we only care to maximize our chance of getting a return on our investments of helping behaviour. The mistake is just the same – inferring that the psychology is not what it seems because of its functional explanation – but it seems more seductive here, probably because we fear that the conclusion is true more often in this case than in the case of mother-love. There are indeed cases of seeming altruism disguising hope for future benefits. But there are of course cases in which it is not like this, and shown to be such by the methods of the last section. The driver gives the penniless hitch-hiker a lift; the diner tips the waiter he knows he will never see again; they each do it when there are no bystanders to watch the action.

To guard against this confusion, contemplate sexual desire. It has an adaptive function, presumably, which is the propagation of the species. But it is completely off the wall to suppose that those in the grip of sexual desire 'really' want to propagate the species. Most of the time most of us emphatically do not – otherwise there would be no birth control, elderly sex, homosexuality, solitary sex, and other variations – and many people never do. Some moralists might wish it were otherwise, but it isn't (see Fig. 4).

So, this first confusion is to infer that our apparent concerns are not our real concerns, simply from the fact of an evolutionary explanation of them.

The second confusion is to infer the impossibility that

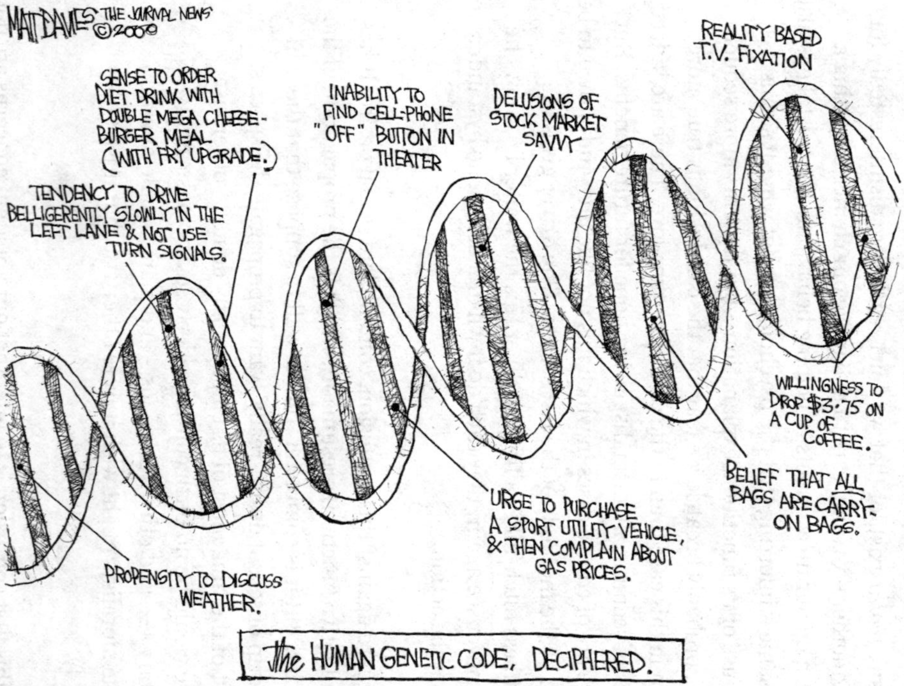

4. Matt Davies, 'The Human Genetic Code, Deciphered'.

such-and-such a concern should exist, from the fact that we have no evolutionary explanation for it. This is unwarranted, for it may well be that there is no evolutionary explanation for all kinds of quirks: no explanation for why we enjoy birdsong, or like the taste of cinnamon, or have ticklish feet. The cartoon says it all.

These traits may be side-effects of others that are adaptive, or they may be descendants of traits that were once adaptive but are so no longer, or they may be nothing to do with adaptations, but just due to chance. Or they may be adaptations but only because they affect the 'eye of the beholder': perhaps it is more pleasurable to be with a partner who has ticklish feet, and then a mechanism of 'sexual selection' kicks in to boost the prevalence of the trait. That throws us back onto the question of why the pleasure and the preference exists, but perhaps it just does. Female peacocks go for the huge, beautiful, but apparently dysfunctional tails of the male, and female Irish elks went for the male practically immobilized by the biggest antlers. It is not easy to see why, and this problem can unfit explanations in terms of sexual selection for some purposes. For instance, if we find the human propensity for art or music puzzling because we cannot find a survival function for it, it doesn't immediately help to suggest that females prefer artistic and musical men, since we won't be able to find a survival function for that female preference, either. What this means is that the explanation has to continue. It might continue by showing that females recognize that artistry and musicianship indicate *other* survival-enhancing traits, such as industry or cunning (the peacock's gaudy tail may indicate freedom from disease, or the elk's antlers indicate its strength). Or, it might postulate a 'trembling hand' – a random jerk in the evolutionary process, such as the inaccurate copying of a gene, that just happened to entrench itself.

The third confusion to guard against is to read psychology into nature, and in particular into the gene, and then read it back into the person whose gene it is. The most notorious example of this mistake is in *The Selfish Gene*, by Richard Dawkins. Here the fact that genes replicate and have a different chance of replicating in different environments is presented metaphorically in terms of their being 'selfish' and indulging a kind of ruthless competition to beat out other genes. It is then inferred that the human animal must itself be selfish, since somehow this is the only appropriate psychology for the vehicle in which these little monsters are carried. Or at least, if we are not selfish, it is because by some strange miracle we can transcend and fight off the genetic pressure to be so. Dawkins has since repudiated this idea, but it maintains a life of its own.

To state this train of thought is to expose its silliness. Genes are not selfish – they just have different chances of replicating themselves in different environments. Not only may they do better if the person carrying them is unselfish, altruistic, and principled, but it is easy to see why this should be so. A society of unselfish, altruistic, and principled persons is obviously set to do better than a group in which there are none of these traits, but only a 'war of all against all'. Furthermore, the environment in which we human beings flourish is largely a social environment. We succeed in the eyes of each other. Hence, a principle like that of sexual selection kicks in: if these are traits we admire in each other, they are likely to be successful not only for the society as a whole, but also for any individual who has them. And we do admire them. We see more of the association between being good and living well in section 17.

5. Determinism and futility

The other implication of the life sciences that threatens ethics, in many peoples' minds, is the threat of determinism. The idea here is that since it is 'all in the genes', the enterprise of ethics becomes hopeless. The basket of motivations that in fact move people may not be as simple as the Grand Unifying Theories have it, but they may be fixed. And then we just do as we are programmed to do. It is no use railing about it or regretting it: we cannot kick against nature.

This raises the whole thorny topic of free will. Here, I want to look at only one particular version of the problem. This takes our genetic make-up to imply the futility of ethics, meaning in particular the futility of moral advice or education or experience. The threat is the paralysing effect of realizing that we are what we are: large mammals, made in accordance with genetic instructions about which we can do nothing.

A moral enterprise might be hopeless because it tries to alter fixed nature. A prohibition on long hair may be enforceable, say in the army or the police force. But a prohibition on growing hair at all is not, since we are indeed programmed to do it. An order forbidding hunger or thirst is futile, since we cannot control them. Some cases are less clear. Imagine a particularly ascetic monastic order, whose rule not only enjoins chastity, but forbids sexual desire. The rule is probably futile. It cannot be obeyed because it is not up to us whether we feel sexual desire. At the right time the hormones boil, and sexual desire bubbles up (lust was an object of particular horror to early Christian moralists just because of its 'rebellious' or involuntary nature). The chemical instructions are genetically encoded. There may indeed be marginal technologies of control: yoga, or biofeedback, or drugs. But for most young people most of the time, any injunction not to feel desire is futile. This is not to say that the injunction has no effect at all. It may well bring shame and embarrassment to those who find that they cannot conform to it. This may even be its function, since it may thereby reinforce their subservience in the face of the implacable authority that commanded it. It can increase the power of churches or parents to keep their dependents in a state of guilt or a state of shame. But the rule is directly futile: it cannot be obeyed. So the question is, are all rules similarly futile, because of genetic determinism?

The answer is No, because whatever our genetic make-up programs us to do, it leaves room for what we can call 'input-responsiveness'. It leaves room for us to vary our behaviour in response to what we hear or feel or touch or see (otherwise there would be little point in having these senses in the first place). It leaves room for us to vary our desires in accordance with what we learn (discovering that the glass contains sulphuric acid, I lose the desire to drink it that I had when I thought it contained gin). It leaves room for us to be influenced by information gathered from others. Finally, it leaves room for us to be affected by the attitudes of others. In other words, it makes us responsive to the moral climate.

If we liked paradox, we might put this by saying that genetics programs us to be flexible. But there is no paradox, really. Even an inanimate structure that is literally programmed can be made to be flexible. A chess program will be designed to give a different response depending on what move its opponent has just made. It is input-responsive. Inflexible traits (growing hair) are not input-responsive because no matter what beliefs, desires, or attitudes we have, they go on just the same. But many of our own beliefs and desires and attitudes are not like that. They show endless plasticity. They vary with our surroundings, including the moral climate in which we find ourselves.

It is an empirical matter how flexible we are in any particular respect. Thus, consider language. Many theorists believe that the extraordinary facility with which children pick up language requires a dedicated 'module' or structure within the brain that has this as its function. Its function is not to pick up English, German, or Latin, for any child can pick up any language. Its function is to pick up whichever language the child grows up with: its mother tongue, or tongues if it is lucky. After a time, the evidence suggests, this flexibility is substantially lost. Beyond about the age of twelve, it is almost impossible to pick up a language so as to speak it like a native. The responsiveness diminishes or vanishes. We are no longer so good at copying the inputs and finding ourselves falling in with the grammar of what we hear.

So, for all genetics tells us, a child may be disposed to become kind and loving in a kind and loving environment, vicious and aggressive in a vicious and aggressive one, intellectual and musical in an intellectual and musical one. Or, these dispositions may in turn be liable to be displaced if other factors influence things. We just have to look and see.

Very possibly, what we may find is greater receptivity at some stages, and relative inflexibility thereafter, rather as in the case of language. If this is so, far from sidelining the importance of the moral environment, the excursus through determinism will catapult it to the head of the agenda. That is where it should be if it turns out that, once we have been weaned into an atmosphere of violence, aggression, insensitivity, sentimentality, manipulation, and furtiveness – the everyday world of television, for example – we can never or almost never climb out.

There are threats of futility other than determinism. There is the mood in which all human life is futile. I discuss this in section 10.

6. Unreasonable demands

I have argued for moderate optimism about human nature, at least blocking the Grand Unifying Theories – the ones we called Grand Unifying Pessimisms – we have met so far. But we have to be realistic, and we should not demand too much from ourselves and each other.

Then the threat arises that ethics does just that, and not in some overblown, over-demanding version, but at its very core. And then we get the reaction that 'It's all very well in principle, but in practice it just won't work'. As Kant remarked, this is 'said in a lofty, disdainful tone, full of the presumption of wanting to reform reason by experience'. Kant finds it especially offensive, contrasting the 'dim, moles' eyes fixed on experience' with 'the eyes belonging to a being that was made to stand erect and look at the heavens'.

However, the threat is real, and we can consider several versions of it. First, consider a morality centred on a simple and abstract set of rules. One of them may be 'Thou shalt not lie'. Now of course when we think of central examples of this rule, we are apt to approve of it. We should not abuse other people's trust in us, and a deliberate, manipulative, barefaced lie may well do that. But there are other cases. There are white lies, socially expected and condoned. There are lies told to people who shouldn't be asking, because it is none of their business and they have no right to the truth. There are desperate lies, told because telling the truth will be catastrophic (the classic is lying to the mad axeman who asks you where your children are sleeping). There are lies told in the service of a greater truth ('There is no danger' may be literally false, but it puts the passengers in a more appropriate frame of mind than 'The risk is quite small'). There are lies we perhaps in desperation tell ourselves, and come to believe, before we tell others ('It's not the harmful kind of cancer, dear').

Some philosophers, most notoriously Kant, have grasped the nettle and forbidden even such lies. It was central to Kant's moral scheme that the prohibition remained simple and absolute: no exceptions. Suppose we agree with him. Then a perfectly reasonable reaction from anyone muddling along in society, or from the mother facing the axeman, or from the pilot calming the passengers, would be, 'To heck with that. If *that's* what morality demands, then I'm opting out.'

Here is a second example where the stringency of ethics can lead to its rejection. Many theories of ethics highlight the *impartial* and *universal* nature of the moral point of view. It is a point of view that treats everyone equally: every person has equal weight. Unless there are further factors, it is no better, from the moral point of view, that I should have some goods and you should not, than that you should have them and I should not. If the person without the goods is starving, and the person with them has plenty, then morality demands a split: the money is needed more by the starving. The starvation of the poor demands redistribution from the rich.

It is easy to preach this, but much harder to practise it. Indeed there is usually something ludicrous about the well-fed parson preaching charity, or the even better-fed academic arguing that justice is not served unless we have voluntary or involuntary redistribution programmes which carve the entire cake equally, perhaps leaving every single person just above a poverty line. If we accept, though, that morality demands this of us, then again a natural reaction is to shrug off its demands. It's not going to happen; it's impractical; we can ignore it.

I do not think it is easy to find a stable attitude to the stringency of the prohibition on lying, or still more to the duty of charity. But I do think something has gone wrong if *extreme* demands are placed squarely in the centre of ethics. The centre of ethics must be occupied by things we can *reasonably* demand of each other. The absoluteness of the fanatic, or the hair shirt of the saint, lie on the outer shores. Not wanting to follow them there, or even not able to do so, we still have plenty of standards left to uphold. We should still want to respond to the reasonable demands of decency. We may not be able to solve all the world's problems, but we should do our best with the ones we can solve. So the right reaction is to look for moral principles that are not impractical, and not limitless in their demands. Adhering to anything more stringent might be saintly, and admirable, but it is not *demanded* of us. In the standard phrase, it is above and beyond the call of duty.

A different example of a bid to escape the stringency of behaving well is the excuse of 'dirty hands'. It's a bad business manufacturing arms, or selling cattle prods to various regimes. But, says the manufacturer (or the government), if we don't do it someone else will. Then they have the jobs and reap the rewards. The arms and prods get made just the same, so why should we sacrifice our well-being for the benefit of our competitors? The moralist, standing erect and looking at the heavens, is simply out of touch with the needs of the market. Ethics is all very well, but perhaps we cannot afford it. At least the dim mole earns his living.

There is something grubby, not only to Kant but to most of us, about the excuse that this argument offers us. We have some sense that we should keep our own hands clean, however much others will then dirty theirs. The excuse is not open to a person of strict honour or integrity, however convenient it may be in practice. In many areas, it is not over and above the call of duty to keep our own hands clean.

7. False consciousness

In sections 3 and 4 we met Grand Unifying Pessimisms that tried to discover hidden unconscious motivations, things that really move us, leaving ethical concerns exposed as mere whistles on the engine. We resisted their claims. But there is still room to argue that the social role of morality is tainted. Even if the motivations of its practitioners are sincere enough, this is because they have been somehow sucked into a system. And the system may not be what it seems.

Consider, for instance, a feminist criticism of a piece of male behaviour. The man holds open a door for the woman, or offers to carry her parcel, or gives up a seat for her. The feminist finds this offensive. She does not have to say that the man intends to demean the woman. His behaviour, the feminist maintains, is part of a 'system' or 'pattern' of such events whose net effect is a signal that women are weaker or in need of male protection. And this she finds offensive. Of course, the man in turn may find her offence offensive, and up start political-correctness wars and gender wars.

The feminist may go in for the kind of hermeneutics we have met, saying that the man unconsciously intends to demean the woman. But that is unnecessary. She need not work at the level of individual psychology. All she has to say is that the man behaves as he does because of a system or socially institutionalized set of behaviours that are entrenched in the society, and that the function of the system is to demean women. This is enough for her critique to gain a hold.

For another example of this kind of critique, imagine a sincere cleric wringing his hands over his parishioners' sins. He is genuinely upset. He believes they are doing wrong, and fears for their souls. His heart goes out to them. There is nothing, so far, wrong with him. But he may be a part of a system with a rather more sinister function for all that. The Church that taught him may be an organization dedicated to its own power, and as we already suggested, controlling peoples' sense of shame and guilt and sin is an instrument of power. It works best if the pawns, the individual clerics, do not realize that, either consciously or unconsciously.

So a critic might now suggest that ethics as an institution (I shall write this, 'Ethics') is a system whose real function is other than it seems. A feminist might see it as an instrument of patriarchal oppression. A Marxist can see it as an instrument of class oppression. A Nietzschean may see it as a lie with which the feeble and timid console themselves for their inability to seize life as it should be seized. A modern French philosopher, such as Michel Foucault, can see it as a diffuse exercise of power and control. In any event, it stands unmasked.

There may be a good deal of truth in some of these critiques. We can think of local elements of morality, at particular places and times, that certainly seem open to some such diagnosis. The passion with which the rich defend the free market can invite the raised eyebrow. A morality with or without the religious fig leaf we met earlier, that gives *us* the right to *their* land, or the right to kill *them* for not having the same rituals as *us*, invites a similar diagnosis. The self-serving nature of systems of religion, or caste systems, or market systems, can be almost entirely hidden from view to those who practise them.

There is something a little off-colour, as well, about some of the ways morality sometimes intrudes into people's lives. The judge, or the priest, or a panel of the great and the good may tell people what they must do, but they do not usually have to live with the consequences. If the girl is not allowed the abortion, or the family not allowed to assist the suicide, they have to pick up the pieces and soldier on themselves. Those who told them how they had to behave can just bow out. An impartial moral law can bear very unevenly on different people, and it is little wonder if people become disenchanted by an ethics largely maintained by those who do not have to live it. Anatole France spoke ironically of the majestic equality of the laws which forbid rich and poor alike to sleep under bridges, to beg in the streets, and to steal bread.

Although we may well accept examples of this kind of critique, I don't think it could possibly be generalized to embrace all of ethics. The reason is implicit in what we have already said: for human beings, there is no living without standards of living. This means that ethics is not Ethics: it is not an 'institution' or organization with sinister hidden purposes that might be better unmasked. It is not the creature of some concealed conspiracy by 'them': Society, or The System, or The Patriarchy. There are indeed institutions, such as the Church or State, that may seek to control our standards, and their nature and function may need to be queried. But that will mean at most a *different* ethic. It does not and cannot introduce the end of ethics.

Every so often there arise movements for 'free living', based on doing without the restrictions and prohibitions of bourgeois morality. Usually this means in the first place free love – a natural enough ambition for some of the young. (I remember in my first year at university joining a society called the Theoretical Amoralists, which sounded rather rakish. To my disappointment all the other members were men. In any case, it remained theoretical.) But experimenters in free living find they face a dilemma. Either standards are introduced: standards of truth-telling, privacy, space, use of materials, job rotas, and so on, eventually apt to include property rights and rights connected with sexual bondings, or the commune breaks up. If the scene is set so that it cannot break up (more often in fiction than real life), disaster follows.

Central elements of our standards do indeed have a function, and it may be hidden from practitioners. An ordinary person may just be shocked at a broken promise, and that is the end of it. They do not have to reflect on the function of promise-keeping. But if they do reflect, then the point of the 'institution' of promising may come into view. Its point will be something like this. By giving promises we give each other confidence in what we are going to do, thus enabling joint enterprises to go forward. That is a point we can be proud of; without something serving that point, flexible plans for coordinated action become impossible. Here the description of the hidden function is not an 'unmasking' or a deconstruction. If anything, it gives a boost to our respect for the norms surrounding promise-keeping. It shows that it is not just something about which we, the bourgeois, have a fetish. As I like to put it, it is not a debunking explanation, but a bunking one.

Other central elements of morality don't even get this kind of explanation. They are less of a human invention than is the device of giving promises. Gratitude to those who have done us good, sympathy with those in pain or in trouble, and dislike of those who delight in causing pain and trouble, are natural to most of us, and are good things. Almost any ethic will encourage them. Here there is nothing to unmask: these are just features of how most of us are, and how all of us are at our best. They are not the result of a conspiracy, any more than the enjoyment of food or the fear of death are: they just define how we live and how we want to live and want others to live. Nietzsche indeed tried to 'deconstruct' the benevolent emotions, railing against them as weak or slavish or life-denying, but the attempt is unconvincing and unpleasant, a kind of Hemingway machismo that regards decent human sympathy as unmanly.

There may be yet other threats to ethics. We can become depressed by the role of luck in our lives. Suppose two drivers go down the same road, each showing the same small degree of carelessness. One arrives safely; the other kills a child who darts out in front. This difference of luck affects how we think of them, how they think of themselves, and even the penalties imposed by society and by the law. Luck can do more to sway the ways our lives go than virtue. Yet people are curiously unwilling to ackowledge this; we relentlessly take responsibility, as the myth of original sin shows. It seems we would prefer to be guilty than unlucky.

Again, even when we live benevolent, admired lives according to the standards of our times, we can fear that had things been tougher we would have joined the fallen. If we are good, it may be because we were never tempted enough, or frightened enough, or put in desperate enough need. We can also fear the restless evil in the human heart. We know that neither success nor suffering ennobles people. In such a mood, we can be overwhelmed just by the relentless human capacity for making life horrible for others. The right reaction is not to succumb to the mood, but to reflect that the cure lies in our own hands.

Part Two
Some ethical ideas

In the first section we deflected some sceptical challenges to ethics. There is more to be said, particularly about the threats of relativism, nihilism, and scepticism, which still lurk. But for the moment I turn from that in order to sketch some of the elements about which we need to think. An ethic will crystallize our attitudes to the most important events, such as birth and death. It will determine our attitude to life and what makes it worth living. It will encapsulate notions of human nature and human happiness, telling us what it is for a human life to go well. It will describe desire, and freedom, and our rights to the opportunities and powers that we need in life. None of these notions is easy. Some of them are open invitations to confusion.

8. Birth

Throughout human history we have had only a few ways to control how many children get born, and who they are. We could control the gene pool, up to a point, by controlling who mated with whom. This could be done directly only by selection of a partner, or socially by arrangements of marriage and norms governing it. We could control how many got born, by abstinence and perhaps by abortion. We could also control which of those that were born got to grow up, by infanticide or selective standards of upbringing. This is still far more important than is generally realized. The Nobel prizewinning economist Amartya Sen has calculated that there are over 100 million 'missing women' worldwide. That is, birth-rate statistics from not only the developed world, but sub-Saharan Africa as well, tell us that slightly more females should exist than males. But, in fact, there are 100 million fewer living women than we should expect – 37 million fewer in India alone. The difference is due to inequalities in medical care and sustenance, as well as deliberate infanticide, together making up the world's biggest issue of justice for women.

When we use any of these methods of control, we interfere with what would otherwise have happened. We might be said to interfere with nature. If 'interfering with nature' is, as some people suggest, 'playing God' and therefore wrong, then we have always played God. But that is not as bad as it seems. In that sense, we play God as well when we put up an umbrella, interfering with the natural tendency of rain to wet our heads. As humans, we are bound to attempt to cope with the natural world, making things happen that otherwise would not have happened, or preventing things from happening that otherwise would have happened. The charge of playing God has no *independent* force. That is, people only raise it when the interference in question upsets them. If we have already determined that some natural process must be allowed to run unchecked, or that interfering with it is too risky or too radical, we might use the words as a way of crystallizing our worry when people propose to interfere. When anaesthetics were discovered, some moralists complained that their use was impious. It was playing God. Genetically engineered crops generate the same heat today. The question is whether the upset and the worry are well-founded. Most of us think it wasn't in the case of anaesthetics, and the jury is still out on genetically engineered crops.

As our technologies of control increase, so do the new questions about how to use them. In particular, the question of genetic control trails hideous historical baggage: that of the 'eugenic' movement, with its associated assumptions of racial superiority and racial purity, not to mention a simplistic science of heritability. Eugenics may look set to come back with a vengeance as science continues to unravel the genetic code, raising Frankenstein-like visions of human beings designed to order out of the genome parts store. But such visions are premature, at least. We saw in Part One something of the extent to which plasticity rules. The fantasy of a Hitler clone, therefore, complete with fascist ambitions and a little moustache, forgets the fact that Hitler's genetic instructions, followed in a totally different environment, would have resulted in a totally different person. Or, if not *totally* different, still nobody knows what interesting similarities would be likely to remain. Certainly not speaking German, obsession by racial theories, or interest in politics.

Knowledge of the genome introduces decisions and questions of control and power that are less apocalyptic, although to some people disturbing enough. If a test can show that a gene for some hereditary disease is present, should the test be done? Should it be grounds for an abortion? Should it be grounds for a compulsory abortion, for instance if the resulting child would need large resources in order to live? It is hard to answer such questions in the abstract, but what we can do is address the problem we very much have with us today, and that clearly underlies a lot of unease in this area: that of abortion itself.

In this short book it is impossible to go over all the ground that has been covered in the debate over deliberate termination of pregnancy by removal and destruction of the foetus. I can only indicate some ways in which philosophical issues, and philosophical technique, impinge on the debate. In particular I want to show how the sound-bite slogans of the debate conceal those issues, or the need for that technique.

The public debate is often conducted as if this were a black or white issue, a case of absolute right or wrong. You must be either pro-life or pro-choice. You either believe in the right to life of the not-yet-born or you believe in a woman's right to control her own body. A good first philosophical question to ask might be whether this black and white may be an illusion. It may be the result of a moral lens that imposes its black and white on a landscape of different shades of grey. After all, the biological fact is that foetal development is gradual. The one-cell starting point or zygote is a different kettle of fish from the baby about to be born. But the complexity arrives gradually, hour by hour, day by day.

And then the reasons for which a woman might seek an abortion are *more or less* stringent and compelling. The poor, incompetent, frightened, raped fourteen-year-old is a different case from the socialite who would prefer to delay childbirth until after the skiing season, and a different case again is the woman wanting to abort a foetus because prenatal testing has shown it is female.

If it were just a question of finding an appropriate attitude to abortion, we might go along with this gradualism. The woman seeking a late abortion because of the skiing would strike most of us as heartless in a rather disturbing way, just as a woman unperturbed by a late miscarriage would similarly strike us. She may, of course, turn round and say that it is none of our business, and after all there may be hidden fears or needs at work. We might not want to be too judgemental in any such cases, but we can still recognize that some reasons are more compelling than others. Perhaps for many people, especially in the liberal countries of Europe, a fairly tolerant gradualism is therefore the solution. But many cultures, including that of the United States, ratchet up the issue in two ways.

First, it is moralized, becoming not just a question of sympathy or concern, which admit of graduations, but of who has *rights*, or what *justice* requires, or what our *duty* is; it is a question of what is *permissible* and what is *wrong*. These are called 'deontological' notions, after the Greek *deontos*, meaning duty. They have a coercive edge. They take us beyond what we admire, or regret, or prefer, or even what we want other people to prefer. They take us to thoughts about what is *due*. They take us to demands.

Second, the question is often politicized, becoming a question of law. This is a step, because not all wrongdoings are criminal, and it is a political, and eventually an ethical, issue how far the law is allowed to intrude upon them. Indeed, one of the moral signatures of a society will be the extent to which the law allows liberty to do, feel, or think the wrong things. So even if we feel that there is at least a category of abortions that ought not to be performed, the question of criminalization remains open. They wouldn't be performed in an ideal world, but it is not the function of law to forbid and punish every departure from an ideal world. Even people who disapprove of alcohol may be aware that it was a very bad idea indeed to criminalize it, as was done in America in the 1920s.

It will seem natural to only one side of the debate to ratchet up the issue. It will seem natural only if we think that the issue is akin to an issue of murder. The foetus, on this view, is a person, and has a person's full rights and protections. Hence, it is a deontological issue and it is an issue for the law. But is this true?

A foetus is a potential person, certainly. But 'potential' is a dangerous word. A yellow flower is a sort of flower. But an acorn is a potential oak-tree without itself being an oak tree. My car is potential scrap, but it is not scrap, and its being potential scrap does not justify anybody in treating it as scrap.

Is the foetus not only a potential person but an actual person? What kind of question is that? A possibility is that in describing the foetus as a person, the word 'person' is itself functioning to imply a moral category, so by insisting that the foetus is a person the opponent of legal abortion is just repeating himself. Moral conclusions are frequently *presupposed* in just this way by the very terms in which the question is raised. A person, on this account, is just anything that ought to be treated as a person and afforded protection as a person. But then, whether a foetus is a person is exactly the question that is in doubt. The way in which moral conclusions are often presupposed by a choice of words was noticed long ago by the Greek historian Thucydides (c. 455–c.400 BC). At a time of civil war, he wrote:

> *To fit in with the change of events, words, too, had to change their usual meanings. What used to be described as a thoughtless act of aggression was now regarded as the courage one would expect to find in a party member; to think of the future and wait was merely another way of saying one was a coward; any idea of moderation was just an attempt to disguise one's unmanly character; ability to understand a question from all sides meant that one was totally unfitted for action.*

Returning to abortion, we should note that, equally, the T-shirt slogan of a woman's right to control her own body begs the question the other way: the ways in which we may control our bodies may well depend on what other persons are dependent upon them. So if the foetus is a person, that right will be circumscribed. If a murderer is prowling around, my general right to talk is defeated by the fact that your life depends on my silence.

Rights are themselves tricky things, as we shall see further in section 15. In one of the most famous papers in this debate, Judith Jarvis Thomson compares the situation of a pregnant mother to that of someone suddenly waking to find another person plugged into them and dependent on them for life-support. She argues that the dependent person's 'right to life' does not include a right to unlimited demands on other people, including here the demand that the supporter continues her support. The value of the analogy has been challenged, but it introduces the important distinction between having a right to life, and having a right to the time or labour or energies of others that, as it happens, are necessary to support that life.

Suppose, then, we look for marks of increasing approximation to a person. We will find them at different stages. We might look out for the development of a functioning brain, or a capacity for 'distress' or for movement that at least resembles the behaviour which in persons expresses pain. The foetus is not, however, a subject with plans, intentions, fears, memories, or self-consciousness, each of which form part of our own adult personhood. These come later. And then it seems that there is no principled place to draw a line. The foetus, and the baby, just go on becoming *more and more* of a person. Nature is gradual, through and through.

A bad argument to watch out for now has the form: 'If there is no principled place to draw a line, then we must draw it *here* – at the very moment of conception'; or, if you stand on the woman's right to control her body, we should draw it only *there* – at the moment of birth. The idea is that anywhere else involves a 'slippery slope'. If you say that abortion is the killing of a person after five months, why not four months and three weeks? Four months and two weeks? Six months?

'Slippery slope' reasoning needs to be resisted, not just here but everywhere. It is exemplified in the paradox of the bald man, known as the Sorites paradox. A man with no hairs on his head is bald. A man who is bald is never made not bald by the addition of just one hair. Hence (working upwards one hair at a time) a man with, say, a hundred thousand hairs on his head is bald. But that is just false! Such a man is the reverse of bald. The paradox exercises logicians, but in moral and legal contexts it has no force. Consider the imposition of a speed limit. We choose a definite limit, say 30 miles per hour, and make it the law. We do not really believe that 29 miles per hour is always safe, and 31 is always not. But we would not listen to someone saying, 'There is no principled place to draw a line, so we can't have a limit.' Nor would we listen to Sorites reasoning forcing the limit forever upwards, or forever downwards to zero. So, if we think the abortion issue does need moralizing and politicizing, nothing stops us from fixing a particular term of pregnancy beyond which abortion is generally prohibited. It won't have a firm metaphysical foundation, but perhaps, like the speed limit, it doesn't need one.

To return to the question of whether the foetus is a person, consider the event of a natural miscarriage. Nature is not particularly sparing with these; they are quite common early in pregnancy, and may be very common in the first few days, when they are not necessarily noticed. They can be very distressing, depending on the hopes that had been invested in the pregnancy. But they are not distressing in the same way as the death of a person. A parent who loses a child faces one of the worst experiences anyone can go through. There is someone to mourn, someone who had a life with hopes and dreams. But a prospective mother who suffers an early miscarriage does not have someone to mourn. She can mourn the loss of *what might have been*, and she can suffer for her own lost hopes and plans. But she has known no *actual* person who is lost (this may change late in pregnancy, when the child 'makes itself known'). For this reason, although she may deserve sympathy, she is not in the same category as the mother who loses a child. Hence, too, even cultures that forbid abortion do not insist on a full burial service for a dead foetus. The failure to get all the way to a birth in the family is not a death in the family.

Gradualism does not fit well with the deontological notions, which have an all-or-nothing flavour about them. Gradualism fits better with notions like things going more or less well, or people behaving more or less admirably, or more or less selfishly or callously. We might think it is better to work in terms of these notions. But when issues of life and death come into view, it is hard (for many people – but is their stance defensible?) to stay gradualist.

In any case, what's so bad about death?

9. Death

The Greek philosopher Epicurus had an argument that death should not be feared.

> *Death is nothing to us, for that which is dissolved is without sensation; and that which lacks sensation is nothing to us.*

The Stoics had reinforcements for this rather bare argument. One is to compare our state of non-existence after we die with our state of non-existence before we were born – and there was nothing to fear about that, was there? Another is to insist on the vanishing of time: death is just the same for one who died yesterday as for those who died centuries ago. This is the only way to make sense of 'eternity': death has no duration at all, for the subject. The poet Andrew Marvell may have chivvied his reluctant mistress by reminding her that 'Yonder all before us lie / deserts of vast eternity', but these are not deserts anybody (ever) crosses. In other words, 'the state of being dead' is a misnomer. The fact that Kant is dead is not the fact that Kant is in some mysterious state and is going to be for a very, very long time. It is the fact that Kant no longer exists. Death is not the state *of* a person. It is 'nothing to us' because we no longer exist. It is not a kind of life: peaceful, reposed, reconciled, content, cold, lonely, dark, or anything else.

It is often felt that death is an enigma, perhaps the ultimate mystery (see Fig. 5). Why? Life is mysterious, insofar as it raises scientific questions. But then we have the life sciences to help us. The self-sustaining processes of life are reasonably understood. They are easily disrupted, and have finite duration. When the time comes, they cease, and what was once alive, be it a leaf or a rose or a person, dies. There is no mystery about that, beyond unravelling the chemistry and biology of it.

Death can only be thought of as mysterious when we try to understand it by *imagining* it. And then we will be imagining 'what

5. William Blake, 'The Soul Exploring the Recesses of the Grave'.

it will be like for *me*'. But death is like nothing for me, not because it is mysteriously unlike the things I have so far known, but because there is no me left.

Of course, this is so only if we deny ourselves the consolation of an afterlife. For many people, one of the attractions of the major religions is the promise of just such a life: a changed state of being, for better or worse. Ethics is one of the motivations to this belief. Life here is unjust or intolerable. So there must be a better one somewhere else. Or, it is intolerable that the unjust man meets happiness and success, and the just man meets misery and failure. So there must be another arena where justice is restored. Or, it is intolerable that some people, through no apparent fault of their own, are born to lives of want and misery. So, they must be being punished for some fault in a previous life. Such arguments sound suspiciously like wishful thinking rather than solid reasoning. Their form is: 'Things are in some respect intolerable here, so they must be better somewhere else.' But unless we are convinced of Divine purpose, the truth may be that life is in these various respects intolerable here, and that's the end of it. And, as David Hume (1711–76) argued, even if we *are* convinced of Divine purpose, there can only be one source of evidence of what it is. This must be what we find in the world around us. So if life here is unjust and intolerable, then the only defensible inference is that Divinity intends a fair dose of things that are unjust and intolerable. Job recovered in the end, but many just, upright men do not (see Fig. 6).

Many philosophers argue, and I agree, that belief in the afterlife involves an indefensible metaphysics: a false picture of how we as persons relate to our physical bodies. It imagines the soul as accidentally and only temporarily lodged in a body, like a person in a car. Whereas many philosophers think of the distinction between mind and body as much more subtle than this. They might say it is more like the distinction between the computer program and the machine on which it runs. There is a distinction, sure enough, but

6. William Blake, 'The Just Upright Man is Laughed to Scorn', from *Illustrations to the Book of Job*. Blake's Job is depicted as bearing up, but the oblique gaze of his accusers shows their blindness to his virtues.

not one that gives you any licence to imagine the software running, but without any hardware at all.

If belief in life after death is abandoned, the Stoics seem clearly right that death is not to be feared. Still, we need to disambiguate a little. Kant's death was an event, and it happened to Kant. It was the end of Kant's dying. In this sense, alas, when death comes we do exist, for we have to do the dying. It is only at the end of the process that there is no subject of the process. And we may reasonably fear the process. We all hope to go quickly, and quietly, and painlessly, and with dignity. We hope not to die in terror or pain. We like the fact that people are concerned to make dying easy. We laugh nervously at reports that doctors idiotically refuse painkillers to the dying, on the grounds that they might become addicted.

However, as Woody Allen said, 'I wouldn't mind dying so much if it wasn't that I would be dead at the end of it.' Faced with a choice between dying, and undergoing a process just the same until the very last moment, when we recover, most of us would opt for the second. It would be bad, but not as bad as the other. So perhaps we don't really follow the Stoics in our hearts. It is not only the process of dying, but the subsequent annihilation that concerns us.

Some people fear annihilation more intensely the more they enjoy life. Others become timorous and afraid as age dulls even their enjoyments. Either way, as we look forward, we might hope for and prefer more time of good company, hot dinners, concerts, and sex, to only a brief final fling. If we suffer only the pseudo-dying, once we have recovered perhaps we shall get all that extra time. So of course that is preferable to the shorter span. We can mourn what we will never do. Equally, the death of a child is a more moving event than that of an adult, because of all that the child never enjoyed and never did.

There is something mock-heroic about the stance that death is not an evil. If it is not an evil, then there seems to be a corollary, which is that there is nothing especially bad about killing; or, if there is something bad about killing, it is because it is bad for the relatives or friends. Yet the prohibition against killing has a central place in almost any morality. Even in societies which allow some killings – euthanasia, infanticide, execution of criminals or prisoners of war or political opponents – the boundaries are strict; places where they have broken down more or less entirely (dated) are places where society has dissolved.

It may be fairly easy to see why causing death should be the crime that it is. If a person is prepared to transgress against that rule, it seems that anything goes. But what then about desired death, such as suicide or euthanasia? Perhaps the most serious argument against these is that if they are a legitimate option, people will become attracted to them, or pressured to accept them, by other people who stand to profit from their extinction. Hence, it is best to educate people to believe that these are just not an option, for otherwise those who are approaching death slowly will be put under pressure to speed things up. Myself, I cannot see this argument as very powerful. Relatives and providers can indeed pressure the elderly and powerless to do all kinds of things they don't want to do. But the belief that those closest to you would be relieved if you died is a terrible misfortune anyhow, whether or not there is the option of complying. The evil seems small and controllable, compared with the painless termination of many of the worst kinds of dying. As is often pointed out, in many countries, including England and the United States, you would be prosecuted for relieving a person from terminal suffering so bad that you would be prosecuted for *not* relieving an animal from it, by euthanasia. Why does the non-human animal deserve better than the human animal?

One issue that has much troubled moral philosophers here is the distinction between killing and letting die. Some codes of medical practice implement the old injunction, 'Thou shalt not kill, but need not strive / officiously to keep alive.' Opposition to euthanasia from within the medical profession often cites the 'volte-face' a doctor faces if, trained and accustomed to sustain life, he is suddenly asked to terminate it. On this reasoning, if a child is born terribly handicapped and needing outside support to live, or if a person is certainly dying and their life is dependent on outside support, it would be wrong to administer a lethal injection, but all right to stand by and do nothing to support their life. This may salve some consciences, but it is very doubtful whether it ought to, since it often condemns the subject to a painful, lingering death, fighting for breath or dying of thirst, while those who could do something stand aside, withholding a merciful death. One wouldn't want it for oneself, or anybody one loves. Part of the controversy here concerns whether withholding a necessity itself counts not just as letting die, but as killing. If I kidnap you and put you in my dungeon, that is not murder. But if I then withhold food, don't I murder you? In this case, I am responsible for you being dependent on me. But suppose you just happen to get into a situation where you are dependent upon me? Suppose by bad luck you just happen to be in my dungeon? Withholding food seems just as bad, or worse, than shooting you.

As a sideline, there are fascinating issues here about what causes what in any event. There is an old story about a man about to cross a desert. He has two enemies. In the night the first enemy slips into his camp, and puts strychnine in his water bottle. Later the same night, the second enemy, not knowing of this, slips into his camp and puts a tiny puncture in the water bottle. The man sets off across the desert; when the time comes to drink there is nothing in the water bottle, and he dies of thirst.

Who murdered him? Defence counsel for the first man has a cast-iron argument: my client attempted to poison the man, admittedly. But he failed, for the victim took no poison. Defence counsel for the second man has a similarly powerful argument: my client attempted to deprive the man of water, admittedly. But he failed, for he only deprived the victim of strychnine, and you cannot murder someone by doing that.

However we solve this, ethical thought seems to need some distinction between what we permit to happen and what we actually cause. These cases only show how fragile the distinction can be. The distinction fits with a deontological cast of mind, insisting that it is what we *do* that raises questions of right and wrong, justice and duty. It is as if what we *allow* to happen, or what happens anyhow, without our intervention, isn't on our criminal record. This is why it seems so important to decide which of the enemies murdered the traveller. But is it law rather than ethics that needs these cut-and-dried verdicts? Returning to the euthanasia issue, should we really admire the doctor waiting for nature to take its course, as opposed to the one prepared to bring down the curtain? Shouldn't it really be just a question of making sure that life, including the part of life that draws it to a close, goes better?

10. Desire and the meaning of life

Some moralists counsel that 'authentic' living means not just remembering that one day you will die, but somehow living in constant awareness of that fact, 'living-unto-death'. The poet John Donne even had his own portrait painted wearing his shroud, hopefully anticipating the way he would look at the Last Judgement. Most of us, however, don't find Donne's preoccupation particularly healthy. In fact, the mood only prevails in conditions of social instability or political impotence, corresponding to the fashion for pessimism and suicide among the intelligentsia. And it is hard to argue with a mood. Perhaps if the poet is half in love with easeful death, or sickened by the human carnival, he needs a change of government, or a tonic, or a holiday, rather than an argument.

The mood that obsesses over death can fall into peril of inconsistency. It is inconsistent to urge, for instance, both that death is perfectly all right, even a luxury, in itself, but that one thing that makes life meaningless and delusive is that it ends in death. For why is that a problem, if death is itself enviable?

Although the Stoics argued that death was not to be feared, they were not themselves cheerleaders for a morbid preoccupation with it. Rather, as the modern application of their name implies, theirs was a message of fortitude and resignation, or of fatalism in the face of the inevitable unfolding of events. Their attitude is entrenched in one of the popular connotations of the word 'philosophy' itself, as in one person's comment on the misfortune of another: 'You've got to be philosophical – just don't think about it.' P. G. Wodehouse probably had the last word on this aspect of the Stoics. Jeeves is consoling Bertie:

> *'I wonder if I might call your attention to an observation of the Emperor Marcus Aurelius. He said: "Does aught befall you? It is good. It is part of the destiny of the Universe ordained for you from the beginning. All that befalls you is part of the great web."'*
>
> *I breathed a bit stertorously.*
>
> *'He said that, did he?'*
>
> *'Yes, sir.'*
>
> *'Well you can tell him from me he's an ass. Are my things packed?'*

As Bertie judiciously remarks later: 'I doubt, as a matter of fact, if Marcus Aurelius's material is ever the stuff to give the troops at a moment when they have just stubbed their toe on the brick of Fate. You want to wait till the agony has abated.'

Philosophers and poets who try to reconcile us to death usually do so not by arguments as terse as the Stoics', nor by Stoical fatalism, but on the contrary by moaning about life itself. We have all heard the woeful refrain. The human world is nothing but strife, disorder, and instability. Life is wearisome, a burden. Its hopes are delusive, its enjoyments are hollow. Desire is infinite and restless; gratification brings no peace. *Carpe diem* (seize the day) – but you cannot seize the day, for it vanishes into the past as you try. Everything tumbles into the abyss, nothing is stable; palaces and empires crumble to dust, the universe grows cold, and all will be forgotten in the end.

> *Vanity of vanities, saith the preacher, vanity of vanities, all is vanity. What profit hath a man for all his labour which he taketh under the sun?*

The dead, beyond it all, are to be envied. Death is a luxury. Best of all not to have been born, but once born, better quickly dead.

The peril here is what the philosopher George Berkeley (1685–1753) called the vice of abstraction, or 'the fine and subtle net of abstract ideas which has so miserably perplexed and entangled the minds of men'. It is much easier to lament the hollow nature and the inconsistencies of desire if we stay out of focus, keeping the terms of discussion wholly abstract. Thus, it sounds miserable if the satisfaction of desire is fleeting, and desire itself is changeable and apt to give rise only to further dissatisfactions. But is it really something to mope about? Thinking concretely, suppose we desire a good dinner, and enjoy it. Should it poison the enjoyment to reflect that it is fleeting (we won't enjoy this dinner forever), or that the desire for a good dinner is changeable (soon we won't feel hungry), or only temporarily satisfied (we will want dinner again tomorrow)? It is not as if things would be better if we always wanted a dinner, or if having got a dinner once we never wanted one again, or if the one dinner went on for a whole lifetime. None of those things seem remotely desirable, so why make a fuss about it not being like that?

If the pessimistic mood does get into focus, it is apt to concentrate on problematic desires, such as the desire for wealth, or, perhaps, erotic desire. It is easy to argue that these are intrinsically unsatisfiable, at least for some people some of the time. The achievement of wealth often brings either the demand for more, or the inability to enjoy what we have. Our well-being can certainly be destroyed by poverty, but the briefest look at the lives of the rich does not suggest that well-being is increased without end by further riches. Many people in the world are much richer than any people used to be, but are they happier? Relevant social measures, such as suicide rates, certainly do not suggest so. The walled and guarded ghettoes of the rich, such as American Governor's Club enclaves, scarcely testify to happy, enviable lives. And, following Veblen, we might expect that increasing national income simply raises the baseline from which vanity requires the rich to distinguish themselves. This is one of the dismal things about the dismal science of economics.

7. Richard Hamilton, 'What Is It that Makes Today's Homes So Different, So Appealing?'

The other trump card of the pessimists, erotic desire, is notoriously restless and insecure, and apt to deliver only partial fulfilments. Perhaps we never quite possess another person as much as we really desire to. Art has had little difficulty connecting erotic desire with the yearning for death and annihilation. Love itself is a kind of death – the lover is penetrated or stricken. In this tradition, the languors of love, and especially the orgasm (in French, *un petite mort*, 'a little death'), are symbols for a real death. It is argued that the deaths in works such as *Tristan and Isolde* or *Romeo and Juliet* indicate the concealed desire of lovers for joint extinction. In art it is extraordinarily dangerous to be a female in love, as the endless procession of Ophelias, Violettas, Toscas, and Mimis reminds us.

It is very depressing to suppose that even *eros* (desire) is infected by *thanatos* (death). But perhaps the vice of abstraction is at work again. Concentrating on some works of art, we conclude that 'erotic desire has death at its centre'. We do not pause to reflect that it was the artist who needed the theme of the doomed lovers, suppressing reference to any ordinary, everyday pleasures and contentments. The artist has good reason to dress Jack and Jill up as Romeo and Juliet. But by themselves Jack and Jill are probably a good deal more cheerful. Doom is neither inevitable, nor, usually, desired.

We similarly abstract when we ask whether life, en bloc as a single lump, 'has a meaning', imagining, perhaps, some external witness to it, which may even be ourselves from beyond the grave, looking back. We may worry that the witness has the whole of time and space in its gaze, and our life shrinks to nothingness, just an insignificant, infinitesimal fragment of the whole. 'The silence of those infinite spaces terrifies me,' said Blaise Pascal (1623–62).

But the Cambridge philosopher Frank Ramsey (1903–30) replied:

> *Where I seem to differ from some of my friends is in attaching little importance to physical size. I don't feel the least humble before the vastness of the heavens. The stars may be large, but they cannot think or love; and these are qualities which impress me far more than size does. I take no credit for weighing nearly seventeen stone.*
>
> *My picture of the world is drawn in perspective, and not like a model to scale. The foreground is occupied by human beings, and the stars are all as small as threepenny bits.*

When we ask if life has meaning, the first question has to be, to whom? To a witness with the whole of space and time in its view, nothing on a human scale will have meaning (it is hard to imagine how it could be visible at all – there is an awful *lot* of space and time out there). But why should our insignificance within that perspective weigh on us? Suppose instead we have in mind a more down-to-earth audience. Someone spending his life on some goal, such as the cure for cancer, may worry whether his life has meaning, and the worry will be whether it has meaning to those for whom he is working. This will be so if his work is successful, or if the generation coming up will remember it. For some people, the thought that their work may eventually fail, and give them no memorial, is extremely painful. Others manage to be quite cheerful about it: after all, very, very, few of the world's people leave behind achievements that excite the continuing admiration of the next generation, let alone generations beyond. This is sadly true even in philosophy departments.

Perhaps we put ourselves in the position of the judge: each of us can ask whether life has meaning to *me*, here and now. The answer then depends. Life is a stream of lived events within which there is often plenty of meaning – for ourselves, and those around us. The architect Le Corbusier said that God lies in the details, and the same is true of meaning in life to us, here, now. The smile of her child means the earth to her mother, the touch means bliss for the lover, the turn of the phrase means happiness for the writer. Meaning comes with absorption and enjoyment, the flow of details that matter to us. The problem with life is then that it has too much meaning. In other moods, however, everything goes leaden. Like Hamlet, we are determined to skulk at the edge of the carnival, seeing nothing but the skull beneath the skin. It is sad when we become like that, and once more we need a tonic more than an argument. The only good argument is, in a famous phrase of David Hume's, that it is no way to make yourself useful or agreeable to yourself or others.

11. Pleasure

With the starting, ending, and meaning of life in place, we still may want to consider how it is to be lived. There are different ways of going about this. The first we shall consider goes by sketching some conception of the good life, the *summum bonum* (maximum good). We imagine an ideal life, and fill in its details accordingly: perhaps it is happy, it is joyous, it contains achievements of love and friendship and activity, it has no desires it cannot fulfil, it is sufficient to itself. It is the *enviable* or, if the word is a little negative, the *admirable* life. It is the life of what Aristotle (384–322 BC) called *eudaimonia*.

This is usually translated as 'happiness', but there are pitfalls in that. Happiness, in the modern mind, is often sketched as a state of purely 'subjective' or internal pleasure. A happy life is a string of satisfying inner sensation. The philosopher Jeremy Bentham (1748–1832), the principal founder of utilitarianism, saw it like that. He believed that a pleasure could be measured by putting together various factors: its subjective intensity, its duration, the probability of its happening, its nearness or remoteness from an agent in time, and its effect on producing or inhibiting yet further pleasures. Summing up the calculation over all affected parties, one could then simply calculate which course of action would (probably) produce the most pleasure and least pain. This would then be the right thing to do: in the famous phrase, it would be the act that would probably produce 'the greatest happiness of the greatest number'.

There is something a bit deflating about Bentham's picture. It suggests a life of monotonous hedonism, fit only for pigs. Yet surely 'better Socrates dissatisfied than a pig satisfied'. This criticism can be deflected, however. Bentham's follower John Stuart Mill (1806–73) argued that it is the critic who insinuates that human beings are no better than pigs. For it is the critic who claims that our only pleasures are those of animal sensation. A more optimistic picture reminds us of the pleasures of friendship, achievement, art, music, Socratic conversation, and discovery. Mill had the somewhat Victorian view that people who have sampled these higher pleasures inevitably prefer them. He ought to have said that this just meant they were more pleasurable, but he muddied the waters by introducing the different dimension of the 'quality' of pleasure. This betrays Bentham by introducing some other source of value than pleasure itself, as if having said that price is the only measure of the merit of a painting, you go on to say that some expensive paintings are of less merit than cheaper ones. Bentham himself could only allow a notion of the 'quality' of pleasure insofar as some pleasures are midwives to yet further pleasures, whereas others trail miseries in their wake. Mill's main point remains, though, that anybody concentrating upon happiness or pleasure can remember the indefinite variety of things in which human beings take pleasure, or the indefinite variety of things they enjoy.

Bentham's ambition of a 'felicific calculus' – a scientific way of measuring what matters in decisions – was inherited by economics. But it is the nature of pleasures to resist measurement: the subjective intensities of different pleasures seem incomparable, even in one person, and across persons and times the problem is worse. A more tractable alternative is to try to measure how much people want things, and then to measure how well life is going by seeing how many of their desires are satisfied. However, one need not be very high-minded to reject this measure as well. A life of

8. William Hogarth, 'The Cock Fight'.

continuous gratification of desire may be better, other things being equal, than one where the same desires were not gratified. But what if the desires are trashy, stoked up by false promises and allurements, motivated by vanity and self-esteem? What if their gratification turns to ashes? Do things go better when people gratify trivial desires that were induced in the first place by playing on their fears or fantasies? What about the gratifications of the gambler or the drug addict?

This introduces the Aristotelian alternative to Bentham. For Aristotle, a long succession even of pleasurable inner sensations cannot make up genuine happiness, or *eudaimonia*. 'Inner sensations' could be generated or sustained by living in a fool's paradise. A person might be happy, in this sense, when her desires are unfulfilled, but she doesn't realize it, or her pleasure derives from misunderstanding or deception. Her partner deceives her, but she doesn't know it; her children fail, but she is told they succeed; she believes she has the admiration of others, but they laugh at her behind her back. She happily expects Paradise, but there is no Paradise. If someone dies like this, then Bentham would sum up her life as happy. But in Aristotle's sense, she did not die happy.

Hers has not been an enviable or admirable life. It is not one we would wish for ourselves. When we have been ignorant or deceived, the Aristotelian verdict, looking back, would be that we thought we were happy when we were not. We had the illusion of happiness. True happiness in this sense requires some correct relationship with our world. It cannot be gained by stoking up sensations within. In the same way, a succession of pleasures, a life of endless release of endorphins, perhaps through some chemical stimulation, would not be a life of Aristotelian happiness. It is not one we could admire or envy or wish for those whose happiness we care about.

The Aristotelian alternative requires engagement with the world. It requires reasoning and activity, and engagement with others, and notably it requires real love and friendship. For Aristotle this is because we have a *telos* or 'end'. It is the 'purpose' and therefore the 'good' of human beings to lead a certain kind of social life. The essential comparison is with health. The *telos* of a living thing is to live what counts as a healthy life for things of that kind. So our *telos* will be to live what counts as the healthy life for a human being, our 'natural' life or 'intended' life.

We may find it difficult to recapture Aristotle's sense of a purpose built into nature. But we can give ourselves an approximation by means of the idea of a biological function. The healthy life will be one in which everything is functioning as evolution has adapted it to function. That is the 'intended' life for a biological organism. It is life according to the 'natural law' of human life.

It has to be said that all these concepts are very problematic. Some people have thought that the 'natural law' of human life is ferocious competitive struggle, with little room for virtues such as altruism and justice. It is very hard to recapture any robust sense of what nature intends for us, given the plasticities of environment and culture that we have already touched upon. Furthermore, we are used to the idea that a lot of modern living is 'unnatural' – but for that very reason better than anything nearer to nature. Few of us want to return to being hunter-gatherers. Books, concerts, and bicycles are unnatural, but components of many a good life. Conversely, there is nothing particularly virtuous about confining ourselves to 'natural' diets or 'natural' ways of locomotion, or shelter, or sexual behaviour.

We could expand our concept of the natural, arguing, for instance, that since nature has equipped us with a huge general-purpose intelligence, anything produced using that intelligence should count as natural and therefore healthy. Just as all languages are equally natural, so all expressions of the general-purpose

9. Leunig, 'Gardens of the Human Condition'.

intelligence are. But this is not going to select out just some pleasures or some ways of living as especially healthy for human beings. Our intelligences can lead us to the destruction of ourselves and others just as quickly as they lead to health and flourishing. The gardens of the human condition contain some pretty depressing areas (as Leunig shows us, opposite). We will need to remember these cautions when we return to Aristotle as someone who potentially provides 'foundations' for ethics in section 17.

12. The greatest happiness of the greatest number

We met in the previous section the formula of the greatest happiness of the greatest number. Utilitarianism is the moral philosophy putting that at the centre of things. It concentrates upon general well-wishing or benevolence, or *solidarity* or identification with the pleasures and pains or welfare of people as a whole. This is the impartial measure of how well things are going in general. The good is identified with the greatest happiness of the greatest number, and the aim of action is to advance the good (this is known as the principle of utility). Utilitarianism is *consequentialist*, or in other words, forward-looking. It looks to the effects or consequences of actions in order to assess them. In this it contrasts with deontological ethics. For consequentialism, an action that might be thought wrong, or undutiful, or unjust, or a trespass against someone's rights, might apparently be whitewashed or justified by its consequences, if it can be shown to be conducive to the general good. Utilitarianism fits better with the 'gradualist' approach to ethical issues, illustrated above in the case of abortion. It deals with value – with things being good or bad, or better or worse – as the greatest happiness of the greatest number increases or diminishes.

Deontological notions of justice, rights, duties, fit into a moralistic climate, where things just *are* right and wrong, permissible or punishable. These are the words of law, as much as words of ethics. Utilitarianism by contrast gives us the language of social goods. A utilitarian, faced with the issue of abortion, would look at the social conditions leading people to want abortions in the first place. Asked about a law, a utilitarian would wonder what benefits and harms arise from the criminalizing of activities. The cast of mind is that of the engineer, not the judge.

John Stuart Mill thought he had some kind of proof of the principle of utility. He thought desiring a thing and finding it pleasant are one and the same. So each individual is concerned, always and solely, for things only insofar as they are pleasant to that individual. So it follows, somehow, that everyone in general is concerned for everyone's pleasure, or for the general happiness. This is another of those cases where the argument is so bad that the conclusion not only fails to follow, but actually seems to contradict the starting point. It is like arguing that since each person ties just his or her own shoelaces, everyone ties everyone's shoelaces. But alas, except in a world of one person, if each person ties just his or her own shoelaces, *nobody* ties everyone's shoelaces. Similarly, if we each desire what is pleasant to ourselves, then nobody desires what is pleasant to others, *unless* the pleasure of others is somehow an equal object of pleasure to each of us. This would be a world of indiscriminate universal sympathy: a nice world, but not quite the world we live in. People typically desire that they themselves get an enjoyment more than they desire that someone else gets it.

Even without the dubious help of Mill's argument, we can still appreciate the aim of maximizing the general happiness. This aim is forward-looking, impartial, and egalitarian: everyone counts for one, and nobody for more than one. It is an aim we want people to have. This recognition is very old: benevolence or *jen* is the supreme virtue of Confucianism. And in public affairs it has a very respectable pedigree. It is an old legal maxim that 'Salus populi suprema lex' – the safety of the people is the supreme law. If safety includes freedom from a lot of evils, and if that freedom in turn makes up welfare or happiness, then we are close to utilitarianism.

Any decent ethic would want to cry up some virtue of benevolence, or altruism, or solidarity with the aim of increasing welfare and diminishing misery for everyone. The question is whether this is the only measure, so that everything else, and in particular the deontological notions we have already met, are subordinate to this goal. Just as a lot of crimes are committed in the name of liberty, so they can be committed in the name of the common happiness. Suppose just a little bit more happiness is obtained by trampling on someone's rights. Do we have to approve of that? Is justice itself subordinate to the general good? What if it creates more happiness to give a benefit to Amy, who does not deserve it, than to Bertha, who does?

It can sound repugnant to think that we should balance justice against consequences, even when the consequences are impartial and general, and measured in terms of the most sophisticated notion of happiness we can describe. Perhaps part of us wants to thrill to a rival slogan: 'Fiat justitia et ruant coeli' – let justice be done though the heavens fall.

We seem to have a stark opposition between two slogans: 'Fiat justitia . . . ' versus 'Salus populi . . . ' The great David Hume responded by splitting the difference. The answer suggested by Hume's own analysis has become known as 'indirect' utilitarianism. Rules, including rules of property, promise-keeping, and rules concerning rights in general, are justified by their impact on the general happiness. The law is justified by the safety of the people. But this does not mean that the rules or the laws must *themselves* be forward-looking, always contingent upon the benefits to be obtained on the occasion. The system is artificial. It has a utilitarian justification, but the application of the rules in particular cases does not.

For a parallel, consider the rules of a game. The game may be there for a purpose – say, to provide pleasure for the spectators and the players. But the rules of the game determine how it is conducted.

The rules are not to be bent on occasion, if the referee supposes that more pleasure will accrue to the spectators or players by the cheat. If people know that this is likely to happen, their whole attitude changes, and the game may become impossible. The inflexibility of the rules is one thing that makes the game possible. Similarly, says the indirect utilitarian, we can only gain the general happiness, and particularly components of it such as security, by implementing fairly inflexible rules. We give each other property rights, fixed laws that bring determinate and foreseeable justice, and we instil general dispositions to conduct that can be relied upon, whatever the circumstances.

Or perhaps we should say, almost whatever the circumstances. Hume pointed out that when things are bad enough, rights that would otherwise stand firm give way:

> *What governor of a town makes any scruples of burning the suburbs, when they facilitate the approaches of the enemy?*

In a sufficient emergency, even quite basic civil liberties properly go to the wall. In an emergency, for instance, to get the spectators out of the threatened stadium, a referee might properly give a false call to terminate the game. But emergencies are rare, and it requires judgement to know when one is upon us. Emergencies permit exceptions, because the old stabilities and certainties can be reborn as soon as the emergency is over. A governor who burned the suburbs in wartime does not forfeit his general standing as protector of the laws, whereas one who appropriates a house during peacetime for his favourite nephew does. The one can still be trusted, whereas the other cannot.

For Hume, therefore, the edifice of justice and rights is a social creation. It is necessary, for human beings cannot manage without each other, and the structures are needed for cooperation with each other. These include at least the ability to give contracts, and the ability to hold property, and each of these needs is described in the language of deontology – justice and rights. These are there purely to promote and protect the good of society. They are necessary, but, when things get too bad, they are subordinate to that same end.

Are we happy with that subordination? Indirect utilitarianism is a kind of compromise. It is consequentialist overall, but in the conduct of life, just as in the conduct of a game, rules and principles have the paramount authority that deontologists wish. Like many compromises, it gets sniped at from each side. Utilitarians of a more direct, down-to-earth stripe may worry about the rationale for following a rule in a case where even a little utility is gained by bending it. Isn't this just making a fetish of the rule: 'rule-worship'?

Most contemporary moral philosophers are much more admiring of justice and rights, and fear their contamination by anything so vulgar as an aim or purpose. Hence it has become fashionable in moral philosophy to jeer at utilitarianism. Some writers stress virtuous agents whose integrity does not allow them to compromise principles for utilitarian ends. Others stress the virtue of agents who do not look forward to what good may come of their actions, but look backward, and apply principles to the context of action. The literature is full of lurid cases in which the man (or woman) of principle stands fast, and admirably so. But indirect utilitarianism looks set to cope with these: *of course* we value the person of integrity who cannot compromise his or her principles for the sake of general utility. For this is far the best disposition to cultivate and to admire, even if, very, very rarely, the spectators perish in the stadium because of it.

Some people stress that utilitarianism 'does not take seriously the separateness of persons' – the idea being that it subordinates the rights of the individual to solidarity with the general welfare. It is too deaf, according to these critics, to the plaintive cry coming from a particular individual whose concerns have been sacrificed to the general good. This charge is particularly ironic given that utilitarianism started with the ambition of breaking down the separateness of persons – the separateness that gives a person no concern for *us* as apart from *me.*

Other critics stress the way we might want to moralize happiness in the first place, substituting Aristotelian *eudaimonia* for anything more like Bentham's strings of sensation. And once happiness is itself moralized, the credentials of utilitarianism as an overall theory of ethics are compromised. It requires a moral vision, derived from somewhere else, to judge when things are going happily or not.

It is not difficult to hear the cries of a (largely male) mandarin class defending itself in a lot of this. An ethic of care and benevolence, which is essentially what utilitarianism is, gives less scope to a kind of moral philosophy modelled upon law, with its hidden and complex structures and formulae known only to the initiates. And utilitarianism, particularly in its indirect forms, has one enormous advantage. It at least explains how to judge whether particular rights, or rules, or even virtues of conduct, *get to be on the list* of rights, rules, or virtues. They are there because they serve the common good. Other philosophies, lacking such a sensible and down-to-earth answer, must either duck the question or struggle to find different answers. I introduce some such attempts in Part Three.

13. Freedom from the bad

Another approach to what matters in living well is to consider what has to be avoided. It is much easier, to begin with, to agree on this list. We don't want to suffer from domination by others, or powerlessness, lack of opportunity, lack of capability, ignorance. We don't want to suffer pain, disease, misery, failure, disdain, pity, dependency, disrespect, depression, and melancholy. Hell was always easier to draw than heaven.

The list is of most use to political philosophy. If we try to sketch what is required of a social order, it is much easier to say what has to be avoided than what has to be achieved. A political order cannot do everything: it cannot guarantee a life free from depression or disease or disappointment. But it can give freedom from violence, discrimination, arbitrary arrest, inhuman or degrading punishment, unfair trials, and other evils. It can guarantee that you have the protection of the laws if you speak your mind (on some things) or peacefully demonstrate (sometimes). In this view, the moral or political or social order sets the scene. It can't help what people make of the scene. Whether people can go on to achieve the life of *eudaimonia* is up to them. It is not the job of a moral philosophy, and more than that of a constitution or a government, to make people happy, but only to set a stage within which they *can* be happy. The American Declaration of Independence talks of 'life, liberty and the pursuit of happiness', not the achievement of happiness.

This conception of the role of the political order is characteristic of liberalism. It is often said that its eyes are fixed on 'negative liberty' – people are to be free *from* various evils. This is contrasted with a more goal-driven or idealistic politics in which the aim is to enable people to *do* various good things or to *become* or *be* something desirable – positive liberty. But this may not be the best way of putting things, since any full specification of a freedom is apt to indicate both what you are free from and what you are free to do. A freedom *from* arbitrary arrest, for instance, is a freedom *to* do everything except some circumscribed range of things counting as crimes, without being arrested. A freedom *to* assemble peacefully is a freedom *from* legal prohibition of peaceful assembly. A freedom *from* taxation is a freedom *to* spend everything you earn without giving any to the government.

Nevertheless the contrast reminds us of something distinctive of liberalism, and of more intrusive political systems that depart from it. The more intrusive systems are driven by some thicker vision of what is good than sheer freedom from legal or political

10. Eugène Delacroix, 'Liberty Leading the People'. But where to? (Whither?)

interventions. So, for instance, an egalitarian might find it necessary to compromise some freedom of economic activity in order to bring about the desired outcome of rough economic equality. Many governments will compromise freedom of peaceable association if they suspect that the function of the association is to exacerbate hatreds and tensions within the society. Hegel found true freedom only in fairly rigorously structured political association, leading to the liberal Bertrand Russell's (1872–1970) gibe that, for Hegel, freedom means the right to obey the police (and see Delacroix, above).

It can sound as if this is a simple clash, for instance between those who prioritize liberty and those who prioritize something else, such as peace or equality. But the language of liberty and freedom is apt to be confusing in these areas. For the word 'freedom' is flexible enough to cover the goals as well: freedom of economic activity is compromised in order to bring about freedom from economic disadvantage; freedom of association is compromised in order to bring about freedom from tension and hatred. Almost any positive good can be *described* in terms of freedom from something. Health is freedom from disease; happiness is a life free from flaws and miseries; equality is freedom from advantage and disadvantage. The word is itself available to everyone, leading to the kind of result in the historian Gibbon's (1737–94) dry remarks about the Roman Emperor Augustus:

> *Augustus was sensible that mankind is governed by names; nor was he deceived in his expectation, that the senate and people would submit to slavery, provided they were respectfully assured that they still enjoyed their ancient freedom.*

Faced with this flexibility, the theorist will need to prioritize some freedoms and discount others. At its extreme we may hold the view that only some particular kind of life makes for 'real freedom'. Real freedom might, for instance, be freedom from the bondage of desire, as in Buddhism and Stoicism. Or it might be a kind of self-realization or self-perfection only possible in a community of similarly self-realized individuals, pointing us towards a communitarian, socialist, or even communist ideal. To a laissez-faire capitalist, it is freedom from more than minimal necessary political and legal interference in the pursuit of profit. But the rhetoric of freedom will typically just disguise the merits or demerits of the political order being promoted.

Although freedom from various obvious evils is an easy goal to agree upon, it is no accident that the main traditions in moral philosophy also deal in the more positive concepts of happiness or *eudaimonia* or self-realization. For the absence of pains and miseries is, by itself, too grey and neutral to excite our ambition and admiration. Of course, it may be far more urgent, for many people much of the time, to remove the bad things than to worry a great deal about which good things we would like to succeed them. But we can't entirely do without a vision of what life would be like at its best.

14. Freedom and paternalism

The flexibility of the term 'freedom' undoubtedly plays a huge role in the rhetoric of political demands, particularly when the language of rights mingles with the language of freedom. 'We have a right to freedom from . . . ' is not only a good way, but the best way to start a moral or political demand.

Freedom is a dangerous word, just because it is an inspirational one. The politics appropriate for societies of free individuals are above all democratic. The enemy here would be any elitism, or paternalism, supposing that some particular kinds of people, through superior reason or knowledge or wisdom, are best fitted to govern the rest, since they know peoples' interests (their *real* interests) better than the people themselves do. The elitist doctrine is that the freedom of the ignorant and those with no self-control is just frightening and useless *licence*. The most celebrated account of the elitist image is due to Plato's *Republic*. In the argument of that book, government should be in the hands of disinterested and selfless rulers or guardians who have been rigorously educated into wisdom. The mob has no right of self-determination. It is there to be governed; it is not to be allowed to find its own way of life or make its own mistakes (Grosz seems to agree; see Fig. 11 opposite).

We might disapprove of Plato and approve of the democratic upshot. But we may want to be a bit nervous of the sustaining myth associated with it. The modern emphasis on freedom is problematically associated with a particular self-image. This is the 'autonomous' or self-governing and self-driven individual. This individual has the right to make his or her own decisions. Interference or restraint is lack of respect, and everyone has a right to respect. For this individual, the ultimate irrationality would be to alienate his freedom, for instance by joining a monastery that

11. George Grosz, 'Waving the Flag'. Grosz comments on the ideal illustrated by Delacroix (Fig.10).

requires unquestioning obedience to a superior, or selling himself into slavery to another. Such an action would amount to a kind of suicide, a defeat of what makes each human being unique and equally valuable.

The self-image may be sustained by the thought that each individual has the same share of human reason, and an equal right to deploy this reason in the conduct of his or her own life. Yet the 'autonomous' individual, gloriously independent in his decisionmaking, can easily seem to be a fantasy. Not only the Grand Unifying Pessimisms, but any moderately sober reflection on human life and human societies, suggest that we are creatures easily swayed, constantly infected by the opinions of others, lacking critical self-understanding, easily gripped by fantastical hopes and ambitions. Our capacity for self-government is spasmodic, and even while we preen ourselves on our critical and independent, free and rational decisions, we are the slaves of fashion and opinion and social and cultural forces of which we are ignorant. It would often be good, and no signal of disrespect to ourselves, if those who know better could rescue us from our worst follies.

Perhaps, then, a more realistic defence of the freedoms we want to protect avoids the fantasy of our rational freedom. A more realistic defence might be just glum about the possibility of Plato's elite. The old question from the Roman writer Juvenal's sixth *Satire* (c. AD 116) surfaces: who shall guard the guardians? Winston Churchill is supposed to have said that democracy is the worst system of government ever invented – except for all the others. Nobody can be trusted to have unlimited power over another, nor to govern in the interests of others. The elite are human too. The grim histories of anti-democratic politics stand as awful reminders of the dangers in Plato's aristocratic myth. Plato himself perfectly well knew this about the real world. The guardians of his imagined world can only merit their role by an impracticable process of the most rigorous education. Plato does not provide any consoling myth at all for the jumped-up dictator who claims to know what is best for the people.

Democratic politicians may be bad enough, but those sheltering behind a claim to know what is best for us are apt to be a lot worse.

Even in democracies, however, there are fascinating relics of the Platonic image of the guardians. The democratic United States has its process of 'judicial review', whereby the legal mandarins of the Supreme Court oversee and strike out democratically voted legislation. This is done in the name of the Constitution, this being a document to whose meaning the legal mandarins alone have privileged access. The parallel with a priesthood and its private access to the truth of the sacred texts is lost on many.

A dislike of elitism is also, typically, a dislike of paternalism: of being told what to do in our own interest. We naturally think of ourselves as the best judges of our own interest, and this will be part of our conception of ourselves as self-governing, rational individuals. On the other hand, in our hearts we know that sometimes it is better if our judgements are overridden, just as it is better for children that theirs are sometimes overridden. Safety legislation makes the worker wear a helmet or a safety harness, whether he wants to or not. Social security systems make people pay towards their support in old age, whether they want to or not. Most people accept seat-belt and motorcycle-helmet laws. These all represent restrictions on an agent's freedom made in the name of the agent's own good. But as we have seen, we can always reinvoke the word in explaining what the restrictions are good for. Social security gives us freedom from poverty in old age; safety laws give us freedom from death and destruction due to risks which we are apt to ignore.

As in the abortion debate, a little awareness of ethics will make us mistrustful of sound-bite-sized absolutes. Even sacred freedoms meet compromises, and take us into a world of balances. Free speech is sacred. Yet the law does not protect fraudulent speech, libellous speech, speech describing national secrets, speech inciting racial and other hatreds, speech inciting panic in crowded places, and so on. In return, though, we gain freedom from fraud, from misrepresentation of our characters and our doings, from enemy incursions, from civil unrest, from arbitrary risks of panic in crowds. For sure, there will always be difficult cases. There are web sites giving people simple recipes on how to make bombs in their kitchens. Do we want a conception of free speech that protects those? What about the freedom of the rest of us to live our lives without a significant risk of being blown up by a crank? Many feminist philosophers argue that pornographic speech interferes with the freedom of women to live without being the objects of demeaning fantasy. This is an important freedom, for we have several times touched on the way in which the respect we have in the eyes of others is a component of happiness. But how does it stack up against the freedom of others, men and women, to communicate their fantasies, regrettable though those may be? It would be nice if there were a utilitarian calculus enabling us to measure the costs and benefits of permission and suppression, but it is hard to find one.

15. Rights and natural rights

At the beginning of the last section we noticed how 'We have a right to freedom from . . . ' is not only a good way, but the best way to start a moral or political demand.

Yet it also seems to suggest a recipe for boundless expansion: we can hear people demand, without blushing, a right to freedom from any disadvantage, unhappiness, offence, want, need, disappointment . . . It sounds desirable, until we reflect that the other side of a right in these contexts is a duty: a duty on the legal or political or economic order to protect them from disadvantage and the rest. And then we need to wonder whether it is just too costly, or not even possible, for us to labour under those duties.

The United Nations' Universal Declaration of Human Rights arguably falls into this trap sometimes. In addition to the civil rights we would presumably all wish to protect, it introduces a number of 'welfare rights'. It says, for example, that everyone has a right to realization of 'the economic, social and cultural rights indispensable for his dignity and the free development of his personality'. This opens the door to just the inflation described: it is not too difficult to argue that dignity and free development require a whole flood of freedoms from this, that, or the other obstacle, right down to such ludicrous rights as freedom from failure to get a job through being unable to perform it.

The language of 'natural rights' has always been prey to this kind of criticism. For example, the Declaration of the Rights of Man and the Citizen of the French Revolution 'resolved to expound in a solemn declaration the natural, inalienable and sacred rights of man'. It maintained that in respect of their rights 'men are born and remain free and equal'. It announced that the final end of every political institution is the preservation of these rights: 'those of liberty, property, security and resistance to oppression'.

Yet these apparently harmless sentiments aroused a storm of philosophical doubt, partly fuelled by the violent anarchy of the French Revolution itself. Mainly, it is very unclear what 'a natural right' could mean. We can understand rights granted to citizens by law. We might even imagine these growing out of a very primitive society in which people afford each other something akin to rights, by habits of forbearance. Suppose A forbears from interfering with B's space, or from using violence on B, or from soliciting sexual favours from B's partner. And suppose the society would be heavily down on A were he not to forbear. Then we might talk of a convention or even a contract of forbearance, and see the beginning of a network of property rights and other social rights. B can appeal to the group to forbid or punish A's trespass, and by siding with B the others, in effect, confirm his right. But all that presupposes a society. What could exist by way of rights before or independently of a state of society? Would everyone have a right to everything? Or would nobody have a right to anything? The questions seem ludicrous.

But the language of natural rights need not be taken to raise them. It need not imply some pre-social state of nature in which, surprisingly, people nevertheless had rights of different kinds. It may be intended not as *description* of a never-never land, but as *prescription* of an order that any society should uphold. It will not then be to the point to say that the idea is unhistorical. Nor will it be to the point to say that actual society is not like this. People are not, for instance, born free – they are born into a civil order that will impose duties and obligations on them. They do not remain free in all kinds of respects, and they are not born equal and don't remain equal in all kinds of ways either. But the intention will be to criticize the existing order in the name of these ideals, or to work for an ideal that incorporates some notion of basic equality (equality before the law, for instance) and some central menu of freedoms.

Still, we might wonder about the reasons for the prescriptions. The word 'natural' in the phrase 'natural rights' might suggest a religious foundation. It would be as if God had posted on each of us at birth a small list of demands from others. If we do not find that idea appealing, then once more the word suggests some kind of Aristotelian story. Human beings will have a 'nature' that can only flourish in societies conforming to the declaration. These are the only societies in which they can 'realize' themselves or be 'truly' free. But that in turn might seem highly doubtful. We are pretty plastic and adaptive, and as we have already seen, different conceptions of flourishing abound. Many think we flourish in the rich and liberal Western democracies of today. But some would say, for instance, that we can only really flourish in egalitarian societies where there are strict controls on the amount of property any one person or any one class can control. Others would say that we can only flourish under the umbrella of a strong social order, cemented by common adherence to a particular religious tradition.

We have seen that people's conception of their rights can be dangerously inflationary. There are other pragmatic or practical objections that have been raised. The language is abstract: how much property does a right to property give you? What duties does this right impose on others? How much does my right to life enable me to demand by way of care and resources, if those are necessary to keep me going? And we have already seen the infinitely flexible and treacherous ways in which the one-word concept of liberty can be stretched, so that a right to liberty can seem almost meaningless. One-word rights give no answer to the difficult questions.

The language is apt to be adversarial. It pits *me* against *them*, encouraging a sense of *my* right against others, *my* sense of just grievance when things don't go my way. It is not the language of genuine community; so much so that Bentham thought it was 'terrorist' language. Thus, we would not have very high expectations of a partnership in which each member is constantly checking whether his or her budget of rights has been infringed by the other. When pre-nuptial contracts specify a right to have half the washing up done, or the housework, or a right to shared child-caring duties, and sex no more than four and no less than three times a week, we should not be optimistic about the ensuing marriage. It is not that any of these things are bad – they may be desirable – but demanding them as a right implies that *me* has not been taken over by *we*. A hair-trigger sense of grievance is not a recipe for happy families. If *we* has not taken over from *me*, the attitudes needed for successful community are not in place. It is clear what Bentham would say about such a contract:

> *What has been the object, the perpetual and palpable object, of this declaration of pretended rights? To add as much force as possible to these passions, but already too strong – to burst the cords that hold them in, – to say to the selfish passions, there – everywhere – is your prey! – to the angry passions, there – everywhere – is your enemy. Such is the morality of this celebrated manifesto.*

This was in fact the essence of Marx's later criticism of 'bourgeois' or egoistic rights. For Marx, as for many social thinkers, the notion of a 'right' is centred in a morality that is atomistic and individualistic, concentrating on the demands of the single person, and forgetting the general good of the society within which the individual is necessarily situated.

Yet for other liberal thinkers, this is exactly what is good about it. Rights, they argue, protect us against the encroachments of the society. Even in a democracy, a minority can need protection against the tyranny of the majority. Even if insisting on rights can be egoistic, and shrill, and sometimes insensitive, still, we need the notion. We need it to describe our dependencies and our need for protection from the predations of others, including the others in their collective or political guise. Even if it is foolish to dwell on an inflated list of rights on going into a marriage, yet each partner does have rights against the other, and when they are badly infringed, redress and correction are required.

Part Three
Foundations

It is time to pick up some unfinished business. In Part One, I tried to deflect some of the hostile thoughts many people voice about ethics. But we had to acknowledge the threat of relativism, and nihilism, and scepticism. We might still fear that the voice of conscience is a delusion. We might still flounder when we try to gain some sense of its authority. Are truth and knowledge possible, or does reasoning about what to do eventually hinge on nothing but brute will? Or are there yet other alternatives?

16. Reasons and foundations

Suppose we imagine an ordinary, everyday reason for acting. The everyday reason might be 'I wanted it', or 'I liked him (so I did something for him)', or 'That's what will make the most money'. A reason might be narrowly selfish, or it might be highly admirable: 'It helps to promote the greatest happiness of the greatest number' or 'It delivers people from horrendous pains and miseries'. These last two would be the reasons benevolent people offer for actions.

These reasons can be appealing. If our sympathies lie in the same direction, we will appreciate them and accept them. They work in many conversations. But there is no proof that they *have* to work. It seems to depend how much the audience sympathizes with us, or with humanity, or feels the same way as us. It seems to depend on our feelings or sentiments. And feelings or sentiments are not, on the face of it, capable of proof.

Something much grander would be a reason that everyone *must* acknowledge to be a reason, independently of their sympathies and inclinations. I shall call that a Reason, with a capital letter. It would armlock everyone. You could not ignore it or discount it just because you felt differently. It would have a necessary influence, or what philosophers sometimes call 'apodictic' force. It would bind all rational agents, insofar as they are rational. If you offer someone a reason (no capital letter) and they shrug it off, you might say they are insensitive or inhuman, callous or selfish, imprudent or sentimental. These are defects of the heart. You may regret them, but you may not be able to prove to the audience that they are defects at all. But if you offer someone a capital-letter Reason and they shrug it off, then something different is wrong. Their very rationality is in jeopardy. There is something wrong with their head, if they cannot see things that just 'stand to reason'.

Philosophers, of course, are professionally wedded to reasoning, so it is natural to them to hope that we can find Reasons.

Before the 18th century, many moral philosophers thought that we could. They thought that fundamental principles of ethics could be seen to be true by the 'natural light of reason'. The principles had the same kind of certainty as arithmetic or geometry; you could see from your armchair that they had to be true. They were innate, or 'self-evident'. For many they were prescribed for us by a benevolent deity, so that ignoring them would be a kind of impiety. By the end of the 17th century, this theory had lost a lot of ground, especially among philosophers more ready to trust empirical sense experience as a source of knowledge than allegedly divine revelation. If we want provability, it began to be felt, we cannot rely on God to have put it there. But even the great empiricist John Locke (1632–1704) subscribed to a rational foundation for the basic principles of morals:

> *I doubt not, but from self-evident propositions, by necessary consequences, as incontestable as those in mathematics, the measures of right and wrong might be made out, to any one that will apply himself with the same indifferency and attention to the one as he does to the other of these sciences.*

Locke thought this was something that could in principle be done, rather than something that had already been done. This view was swept away in the 18th century, first by the 'sentimentalists' the Earl of Shaftesbury (1671–1713) and Frances Hutcheson (1694–1746), but then with much greater force by David Hume, who took a dim view of the power of reason anywhere, but especially here. For Hume, reason's proper sphere is confined to mathematics and logic, while knowledge about the way things are is due solely to sense experience. Neither affords us any substantive principles of conduct. There are no Reasons. Hume drives the message home flamboyantly:

> *'Tis not contrary to reason to prefer the destruction of the whole world to the scratching of my finger. 'Tis not contrary to reason for me to choose my total ruin, to prevent the least uneasiness of an Indian or person wholly unknown to me. 'Tis as little contrary to reason to prefer even my own acknowledged lesser good to my greater.*

In other words, human reason has a limited domain. It includes mathematics and logic, for if we try to disobey their laws, thought itself becomes impossible. We are left with no ideas at all. And we can talk of the reasonable, or scientific, approach to understanding the world. But when it comes to ethics we are in the domain of preference and choice. And here, reason is silent. The heart, or what Hume called passion or sentiment, rules everything. Of course, our passions and sentiments need to operate in the world that we learn about: ignorance is a recipe for acting disastrously, both to ourselves and to others. But what the heart suggests we do, after reason and experience have found where we are, is another thing. Even basic, unambitious concerns, such as the solidarity with others or the respect for rules that were defended in sections 12 and 13, depend on sympathy. And that sympathy is not mandated by reason alone. The plight of others gives us reasons to act, certainly, but not Reasons. There may perhaps be some formal limits on our preferences: there is something 'irrational' about preferring A to B, and also at the same time preferring B to A (although it is often all right to be in two minds about things). But there are no substantive restrictions on our passions imposed by reason alone.

This could be put in terms of a contrast between *description* and *prescription*. Reason is involved in getting our descriptions of the world right. What we then prescribe is beyond its jurisdiction. Reason is in fact wholly at the service of the passions. It is just because we must act in the world that we need to know about it: 'Reason is and ought only to be the slave of the passions, and can never pretend to any other office than to serve and obey them'.

17. Being good and living well

As we touched upon in section 11, Aristotle thought that the *telos* or goal of a human being is to live a certain kind of life. But what kind of life? Obviously one in which certain basic biological needs for food, warmth, shelter, and perhaps sex are met (sex gets the qualification because you don't die from lacking it). Aristotle, however, managed to equate the 'intended' life for a human being with the virtuous life. He also connected it with life lived according to reason. And this may seem to give us a kind of foundation for ethics. The vicious or depraved or insensitive or callous are failing to exercise reason, the supreme human capacity.

But first of all, why think that the 'intended' or natural life for human beings is a life of virtue? On the face of it this equation requires a pretty sunny view of the human animal. We need not subscribe to a Grand Unifying Pessimism to fear that evolution has thrown up a human nature with significant elements of selfishness, aggression, shortsightedness, cruelty, and so forth. And some fairly nasty people are healthy, to judge by what the contemporary philosopher Bernard Williams nicely describes as 'the ethological standard of the bright eye and the gleaming coat'. Conversely, there may be circumstances, one would think, in which virtue requires us to sacrifice something of our own health or happiness. At the limit, virtue and duty may require us to lay down life itself. So there is no automatic alignment between behaving well and looking after ourselves.

Aristotle himself was not quite as optimistic as it might sound. He emphasized that it takes education and practice in order to become virtuous. It does not just happen, like growing taller or hairier. But the education is a matter of drawing out a 'latent' potential, at least in the best people (Aristotle is an elitist). The tradition that follows Aristotle is sometimes called the tradition of 'virtue ethics'. It heroically tries to squeeze together what is natural for people, a life lived according to reason, a happy life, and a virtuous life. Its main device is the social nature of the self. Within society, the knave or villain cannot generally flourish, either in the eyes of others, or, ultimately, in his own eyes. The life of injustice is apt to be a life of care and insecurity. If someone prospers by thieving or cheating, his prosperity is likely to turn to ashes.

Perhaps this is likely, but it is not at all certain. Still, it is good to notice that for many purposes that may be enough. A general correlation between an agent's lapse from virtue and her decline from flourishing is enough for some purposes. It is enough, for instance, for the purpose of the educator with the subject's interest at heart. The educator will not countenance a habit of finagling or lying or taking opportunistic advantage of others, since these things generally diminish the agent's well-being. We should educate people for whom we care into the habits that are most likely to benefit them, and on this account, these will be the paths of virtue. Generally speaking, people do well by doing good, or at least by avoiding doing bad.

So far so good, but it is surely a mistake to think that an equation between living as we would wish and living virtuously is somehow written into things by nature. Insofar as it is approximately true, it is because it is written into things by culture. It is in the first place an *educational* and also a *political* achievement, and one that needs constant attention. This is for at least three reasons. First, it takes education to instil into the subject the sense of respect and self-respect which will turn a profit made by selling his soul into a loss. A sufficiently barefaced villain just won't care. Second, it takes a secure and stable political or social system to generate bad effects on the villain, such as loss due to discovery, or loss of reputation. When things are in flux, the villain will be able to cheat and move on. Third, it takes a culture or politics properly to identify a lapse from virtue in any case.

To see this last point, return to our examples of oppressive societies. Suppose women systematically lack opportunities and resources that the men have. Men (and women) in such a society may not be conscious of anything wrong here. They have internalized the traditional values. Their conception of a woman flourishing will be that she is nicely subservient or obedient to the men. In such a world, the man oppressing the woman has no bad conscience, and suffers no loss of respect from those he cares about – mainly other men. He can flourish in his own eyes, and in his friends' eyes, and even in the eyes of the women. The case would be more obvious if we took behaviour towards people outside the community. We have already mentioned the tree that flourishes by depriving other trees of light, and the Western white person who flourishes because of the economic and educational deprivations of people, including children, in the Third World. It takes something more than a desire to flourish to motivate concern for *them*. We may measure our flourishing only amongst *ourselves* (Goya knew this).

12. Francisco de Goya, 'As If They Are Another Breed'.

The modern Aristotelian, less inclined to discount inferiors and outsiders than Aristotle himself, can fight back. She can say that such cases need sustaining by rationalizations, and these rationalizations will mainly consist in lies the privileged tell themselves. And we already conceded that a life lived amidst lies, or in a fool's paradise, is not a flourishing life. So the ingredients are there to suggest that *real* flourishing or *true* human health implies justice. It implies removing the oppression, and living so that we can look other people, even outsiders, in the eye.

However, this need for rationalizations is itself not a given. Sometimes, as we go our careless ways, we do not even seem to need lies to sustain us. Our generation may flourish by consuming all the world's resources, and letting the future go hang. We do not tell ourselves a story according to which the generations to come are inferior to us and deserve to inherit a deadened world. We just don't think about it. It is only when we have to have a conversation with the dispossessed that we scramble for rationalizations.

Are we being 'unreasonable' as we discount or forget about dispossessed outsiders? We are certainly failing in benevolence, and we may be failing in justice (more on this below). But even if we concede much to the Aristotelian argument, we might remain pessimistic about its effect. Insofar as it works by 'pumping up' what is required for a life of reason or a life of *true* flourishing, we will find people perfectly ready to settle for a good fake. Better to buy the cheap running shoes and not to think too much about how they were made. To unsettle such people we will need, eventually, to look further at the motivation to justice.

18. The categorical imperative

Hume's challenge to Reasons (section 16) was taken up by Immanuel Kant. We can approach Kant's views by thinking of a common gambit in practical discussion. When we try to stop people acting in some way, a good question is often: 'What if everybody did that?' The test is sometimes called a 'universalization' test. If the answer is that something would go especially wrong if everybody did that, then we are supposed to feel badly about doing it. Perhaps, for instance, we would be claiming an exemption for ourselves that we couldn't allow to people in general.

Kant picked up the universalization test and ran with it. In his hands it became not only a particular argument *within* ethics – a device, as it were, for making people think twice, or feel guilty – but the indispensable basis *for* ethics. It became the foundation stone for ethics, grounding ethics in reason alone. It gives us Reasons, even in the domain of prescriptions or imperatives. He unveils the way this happens in his short masterpiece, the *Groundwork of the Metaphysics of Morals* of 1785, a work that has probably inspired more love and hatred, and more passionate commentary, than any other in the history of moral philosophy.

The universalization test can sound like a version of the Golden Rule: 'Do as you would be done by' – a rule sometimes claimed by Christianity as its own, but found in some form in almost every ethical tradition, including that of Confucius (551–479 BC). Kant denies that his idea is just that of the Golden Rule. It is supposed to have more meat. He points out, for example, that the Golden Rule can be misapplied. A criminal can throw it at a judge, asking him how he would like it if he were being sentenced – yet the sentence may be just, for all that. A person in good circumstances may gladly agree that others should not benefit him, if he could be excused from benefiting them. He apparently abides by the Golden Rule. So something with more structure is needed.

Kant starts by distinguishing what he wants to talk about from what he calls 'talents of the mind', such as understanding, wit, or judgement, and from advantages of temperament, such as courage or perseverance or even benevolence. He also distinguishes it from gifts of fortune, happiness, and even admirable qualities such as moderation. None of these are 'good in themselves'. For all of them can be misused, or can be lamented. Even happiness is not admirable, if it is the happiness of a villain. Benevolence may lead us astray, letting other people enjoy what they have no right to enjoy, for example. And 'the very coolness of a scoundrel makes him not only far more dangerous but also immediately more abominable in our eyes than we would have taken him to be without it'.

The only thing good in itself, then, is a good will. Even if the agent with the good will is handicapped, 'by a special disfavour of destiny or by the niggardly endowment of stepmotherly nature', from actually doing much good in the world, still, if he has a good will, it will 'shine like a jewel for its own sake'.

But what is a good will? Kant considers cases of people doing good things, things that might even be their duty, not, however, from a sense of duty, but from other inclinations, such as self-interest, or even benevolence, or a sense of vanity. A salient example is a shopkeeper who does not overcharge an inexperienced customer, but only because his self-interest is served by not doing so. Perhaps he calculates that the customer is more likely to return, or that his shop will profit from a good reputation. The shopkeeper behaves honestly enough, but not because he has the right feeling that he *ought* to do so. There is no jewel shining by itself here. This is not the good will in operation. So what is?

The shape of the answer becomes clear from such examples. The good will is one acting from a particular good motive. It is one acting out of a sense of law or duty. 'Duty is the necessity of an action from respect for law.' We are able to represent laws of action in ourselves, and a good will is one that acts in accordance with that representation. The core of morality, then, lies not in what we do, but in our motives in doing it: 'When moral worth is at issue, what counts is not actions, which one sees, but those inner principles of action that one does not see.'

This is all very well, we might say. Kant seems to be praising up the conscientious agent, or the agent of principle or righteousness or rectitude. This is a person who, once he thinks 'Such-and-such is a duty' is strong-minded or principled enough not to be deflected from doing it. This is in some respects an admirable psychology, although it is also one that can do a lot of harm, since people's consciences can be as perverted as anything else. One wonders why righteousness in this sense is exempt from the criticism levelled at benevolence and the rest, that it can be a Bad Thing.

Some writers also remind us that in many of life's situations, rectitude is not what we want. We often want people to act out of love or gratitude, not out of duty. Good parents take their child to an entertainment because they enjoy the child's pleasure; a parent who takes the child out of a sense of duty is to that extent lacking. A lover who kisses out of a sense of duty is due for the boot. But this is not a fundamental criticism of Kant. He can, and does, allow dimensions in which the good-hearted parent or lover or benefactor scores highly. It is just that these are not, for him, the *moral* dimensions. Moral excellence is found only in the strength of the sense of duty.

There is a more fundamental difficulty. Kant's answer seems to demand that certain things got onto a list of duties *in the first place.* It is no good saying 'Act from a sense of duty' if when asked the question 'And what is my duty?', the only reply is 'To act from a sense of duty!'

We have to break out of the circle somewhere, and so far we do not know how. So how is it all going to get us nearer to the foundations Kant promises? His move is breathtaking, both in its speed and its result:

> *But what kind of law can that be, the representation of which must determine the will, even without regard for the effect expected from it, in order for the will to be called good absolutely and without limitation? Since I have deprived the will of every impulse that*

> *could arise for it from obeying some law, nothing is left but the conformity of actions as such with universal law, which alone is to serve the will as its principle, that is, I ought never to act except in such a way that I could also will that my maxim should become a universal law.*

This is the famous Categorical Imperative, or more accurately, the Categorical Imperative in its first form, the so-called Formula of Universal Law. Later on Kant glosses it in other ways. One is 'Act as if the maxim of your action were to become by your will a *universal law of nature*' (the Formula of the Law of Nature). Another, possibly the most influential, is 'So act that you use humanity, whether in your own person or in the person of any other, always at the same time as an end, never merely as a means' (the Formula of Humanity). It is not at all clear that these different versions can be derived one from the other, but Kant regarded them as somehow equivalent.

The promise is that we have here both quite substantial moral principles, or versions of the one principle, and principles that have been proved by reason alone. This last claim is hard to make good, but perhaps the idea goes like this.

As Hume illustrates, we might suppose that there are no Reasons in the area of ethics – just the desires or wills of particular persons, not necessarily shared or respected by anyone else. But Kant replies that the very formal nature of the Categorical Imperative gives it a universal authority. You cannot flout it and defend your principle in doing so. If you do flout it, you declare yourself to be un-Reasonable. If this is right, we have the required foundation: ethics comes from Reasons alone.

Unfortunately, when it comes to applications of the principle, things become a little stickier. The most persuasive examples of the Categorical Imperative doing some real work are cases where there is an institution whose existence depends on sufficient performance by a sufficient number of people. Suppose, as is plausible, that our ability to give and receive promises depends upon general compliance with the principle of keeping promises. Were we to break them sufficiently often, or were promise-breaking to become a 'law of nature', then there would be no such thing as promise-giving or promise-breaking, because no words could any longer have the required force. So, Kant considers somebody whose principle of action is, 'Let me, when hard pressed, make a promise with the intention not to keep it.' Then, says Kant, I could will the lie, but I could *not* will the universal law to lie, for in accordance with such a law there would be no promises at all. It would be willing a kind of contradiction. So we have a Reason against the lying promise.

That's all very well, but consider a person who is against the whole business of giving and receiving promises. Why shouldn't he try to undermine the institution from within: by giving false promises, with one of his aims being the breakdown of trust and cooperation? Of course, a nice or benevolent or even a prudent person wouldn't have that goal, but if Kant appeals to these virtues, the purely formal appearance of his theory begins to vanish. We only have a reason against giving the lying promise, not a Reason.

An example I like here is the institution of credit cards. These depend on enough people not paying them off each month in order to keep profits coming in to the issuing banks. So there is a kind of contradiction in imagining a world with credit cards, but where everybody pays them off each month. Suppose my principle is, 'Pay off your card whenever you feel like it.' Can I 'universalize' this, willing it to govern people in general? Surprisingly, perhaps, yes. Even in a world where people can always afford to pay off their cards, we might have it that everyone pays off their card when they feel like it. This could be true provided they don't often feel like it, for instance because for most people most of the time the urge to consume is greater than the urge to save. So on the rare occasions when someone feels like paying the card off in full, she can go ahead and do so without falling foul of the Categorical Imperative. Similarly, then, a person can consistently adopt principles of the kind 'Lie/break a promise/steal/cheat on taxes whenever the situation is this serious', provided the situation isn't *very often* that serious. The institutions survive, and so do the possibilities for making exceptions.

A third limitation appears if we consider the man mentioned above, who misapplies the Golden Rule, saying that he does not mind others refraining from benefiting him, provided he can be excused from benefiting them. Kant's only argument that he fails the Categorical Imperative test is that he *might* get into dire straits in which he needs the assistance of others. But this evidently invites the all-too-human rejoinder that he might not, and is willing to take the risk. He can will that nobody help anybody else, because he can gamble on staying self-sufficient.

Kant descends somewhat from the abstract heights of the Formula of Universal Law version of the Categorical Imperative. He argues in effect that the capacity of human beings to act in accordance with the imperative – the jewel within – is itself a thing of absolute, unconditional value. It is true, he thinks, that we can never be sure that we are acting from our sense of duty alone, since our motives are often mixed and often hidden from us. But at least we can set ourselves to do so. We can distance ourselves from our mundane desires and wishes, and set ourselves to act as duty requires. This capacity itself gives us our fundamental title to respect and self-respect. We are proud of our reasonings – in fact, whenever we offer reasons we are showing how much we respect reason in ourselves. So it deserves respect wherever it is found, that is, within all rational agents.

This argument (or something like it: the texts are dense) takes Kant to the Formula of Humanity: 'So act that you use humanity, whether in your own person or in the person of any other, always at the same time as an end, never merely as a means.' It is not, of course, easy to see exactly what this involves, but the general idea of remembering to respect each other is clearly attractive, and perhaps more practicable than remembering to love each other. Whether we deserve respect purely because of our capacity to make laws to ourselves is a good deal less certain. Perhaps we deserve respect from each other insofar as we are like each other in a whole mass of ways. The raiding party bent on enslaving a rival group has forgotten a shared humanity, which includes a shared capacity to love, and suffer, and hope, and fear, and remember. It hasn't *only* forgotten that the victims can reason according to general rules.

Many people think Kant offers the best possible attempt to find Reasons, and therefore to justify ethics on the basis of reason alone. Since many people want such an attempt to succeed, and fear the result if it does not, there are major intellectual industries of trying to find ever more complicated interpretations of the approach that make it work. It might be doubted whether this does much service to Kant: he was a great democrat, and believed that the necessity of the Categorical Imperative was easily visible to any reasoning creature.

19. Contracts and discourse

Some writers think that a descendant of Kant's approach, often called 'contractarianism', gives us a powerful foundation for ethics, or at least for the large part of ethics that concerns our rights and duties to each other. One formula at the centre of recent work is this, due to the contemporary American philosopher T. M. Scanlon:

> *an act is wrong if its performance under the circumstances would be disallowed by any set of principles for the general regulation of behavior that no one could reasonably reject as a basis for informed, unforced general agreement.*

As in Kant, there is a concern for the universal, and a concern for reason. A slightly different version occurs in the 'discourse ethics' of the contemporary German philosopher Jürgen Habermas. A norm of conduct has to be such that:

> *all affected can accept the consequences and the side effects its general observance can be anticipated to have for the satisfaction of everyone's interests (and the consequences are preferred to those of known alternative possibilities).*

Habermas's formulation is slightly more specific than Scanlon's. It retains a utilitarian flavour: the imagined conversation or contract is taking place between agents concerned for the satisfaction of everyone's interests. They sound to have the greatest happiness of the greatest number in their sights. By contrast, the first formula, Scanlon's version, is unspecific over what counts as 'reasonable rejection'. Suppose, for instance, we are discussing whether to organize our society on capitalist principles or more communitarian or socialist principles. Is a participant allowed to reject a proposal on the grounds that it leads to large inequalities of wealth? Or is she allowed only to voice some restricted range of reasons – such as the thought that the proposal would injure her personal interests? And in either case, are these reasons really Reasons, as Kant thought?

These questions suggest a limit to the contractarian approach. It seems that the participants in these conversations need to come with some set of values already in place. These are the things that they are prepared to offer and to accept as reasons. If the discourse were taking place between people who in advance accepted biased reasonings, then that is what would come out of the conversation. Suppose, to take the usual example, they believe that women's interests intrinsically matter less than men's, and suppose the culture has got the women to accept this. Then, of course, a set of principles coming from the 'unforced' agreement will be inegalitarian in just that respect. But then it sounds as though we need to put egalitarian ideals, ideals of liberty, or of what counts as a legitimate interest or a right, *into* the conversation at some point, in order to get them *out* at another. We also need to outlaw some other kinds of value, such as the asymmetric valuation of men and women, or a generalized phobia of people of a certain type, or a religious conception of the priority of particular ways of life. So the fear arises that the talk of discourse and contract gets short-circuited. It just disguises the real source of values, which must lie elsewhere.

The most famous proposal of this general kind in the literature is due to John Rawls, whose hugely influential book *A Theory of Justice* has dominated this branch of moral and political philosophy ever since it appeared in 1971. Rawls applies the device of a contract only to the business of finding overall principles of justice for the ordering of society. And he carefully restricts the range of considerations his contractors can advance. He imagines them having to find the overall principles from behind a 'veil of ignorance'. This means that they aren't to know which social role they might end up occupying. The idea is that if you don't know whether you will end up rich or poor, male or female, boss or worker, you will bend your mind to adopting principles of justice between each group. It is rather like cutting a cake and not knowing which bit you will end up with: a procedure that enforces a fair distribution. Rawls in fact calls his conception 'justice as fairness'.

His contractors are also not allowed to bring specific values to the conversation. They can, however, bring care about the basic things virtually all human beings care about for themselves: safety, security of possession, the satisfaction of basic needs, a basis for self-respect. Rawls argues that what they would or should agree to, under those circumstances, is, not surprisingly, a constitution that guarantees a lot of liberties. But it is also one that regulates the economy, although subject to the protection of those liberties (you would not be allowed to trade free speech for extra wealth, for example). It regulates the economy in the interests of the least well off. It is not a free-market state, nor a purely egalitarian or communist state. It most closely resembles the democratic socialist countries of Western Europe, with their substantial 'welfare floors'.

However, it is more radical ('left') than them, since even after a welfare floor has been established, those least well off can make claims to further redistribution of resources. They can go on doing that until the point at which their demands damage the economy sufficiently that the whole cake diminishes, because people have insufficient incentive to work, so that the plight of the worst off becomes worse. The priority of the social and economic order, in other words, is to maximize the minimum.

However attractive some may find the Rawlsian vision of society, it is once more doubtful whether the idea of a contract is doing the work. It sounds rather as if he is describing the kind of society that certain kinds of person would prefer. These are persons who are not attached to a particular view about the good life, except that they are jealous about their liberties, and who are highly 'risk averse'. This means that they fear coming at the bottom of an unequal economic order more than they prize the rewards of an economy that allows the rich to get richer, but treats the poorest rather worse. Perhaps many of us are like that, although there are plenty of people prepared to gamble freedoms for economic advantage, or to gamble security against opportunity. Again, the apparatus of a contract seems to be short-circuited, and we are left only with the preferences and values with which we entered. They are civilized, attractive, cautious, and even quite widely shared preferences, but no more.

Yet there is something attractive as well about the image of ethics emerging from the procedures necessary to find a common point of view. The conversations we are imagining are cooperative attempts to find joint solutions to common problems. The ambition is that we can give a procedural foundation to ethics. Ethical principles are those that would be agreed upon in any reasonable cooperative procedure for coming to one mind about our conduct.

20. The common point of view

Usually when a great philosopher, such as Kant, overreaches himself, or seems to do so, we can suspect that there is something true in the offing. In fact, something true was already prominent among the philosophers in the generation preceding Kant.

Let us return to the business of giving and receiving reasons for action, or for attitudes in general. This is an activity that is necessary to us in society. But it is also an activity that seems to require a presupposition. The presupposition is that what I advance as a reason, a reason from my point of view, *can* be appreciated from *your* point of view. If this were not so, conversation about practical matters would seem to be reduced to one side saying 'Me, me, me', and the other side saying the same. There would then be no possibility of each side *sharing* an understanding of the situation, or coming to a *common point of view* on the factors in virtue of which something is to be done. To achieve cooperation, we need to pursue the issue jointly, to end up 'in one mind' about the solution. Hume put this by saying,

> *When a man denominates another his enemy, his rival, his antagonist, his adversary, he is understood to speak the language of self-love, and to express sentiments peculiar to himself, and arising from his particular circumstances and situation. But when he bestows on any man the epithets of vicious or odious or depraved, he then speaks another language, and expresses sentiments in which, he expects, all his audience are to concur with him. He must here therefore depart from his private and particular situation, and must choose a point of view common to him with others.*

Our practices of reasoning, then, require us to speak this 'other language'. If I expect the world to join with me in condemning someone, I cannot just say that he is my enemy. I have to engage the passions of others by painting him as vicious or odious or depraved: hateful in general.

Fortunately we are capable of the common point of view here described. If we are discussing which car to choose, we can expect shared standards derived from what we want from a car: comfort, reliability, economy, power, and so forth. If you advance a reason for the choice that I do not share, we can go on to deploy general standards for whether such a factor should itself count as a reason. There is no guarantee that we will come to the same conclusion, of course, but there is a guarantee that we *might* do so. And that is enough to make the conversation a rational option, better than imposition of one solution on everyone, by force or violence.

If we think of ethics in this way, we may retain something from the spirit of Kant's discussion. Suppose someone turns out to have given us a promise that she had no intention of keeping. We may be doubtful about Kant's ambition of showing that she was un-Reasonable, or in some kind of state akin to self-contradiction. But we may be able to say more than just that we don't like it. We can say, at least, that she could not expect the principle of her action to be appreciated and agreed to, in any cooperative conversation designed to bring all parties to one mind about what she did. At least, she could only expect us to agree if she has some story that does gain a purchase on us, such as the absolute necessity of the promise to our own welfare, or that of others we care about. And if the agent cannot defend her principle in this kind of conversation, then even if she is not wholly un-Reasonable (with the capital letter), she *is* out of court. She has turned her back on the cooperative process of reasoning with others. She has no concern for the common point of view. We might say that she shows no respect for *our* point of view. And this is one way of being unreasonable – maybe even un-Reasonable.

We might also build on our social needs and natures here. Suppose I do an action in some circumstance for some reason. Then the whole activity of presenting my reason for acting to you implies a kind of hope that you will see my reason as having been *permissible.* I want you to acknowledge that it was all right to act like that, in that circumstance, for that reason. So long as I need that recognition, I need to seek justification from the common point of view.

We may not care about coming to one mind. *We* may exclude *them*, rationalizing our exclusion in terms of their ignorance, or their inferiority in other ways, their perverse standards, or their dreadful desires. We may want only to impose our wills, or not care whether we gain their cooperation by manipulation and deceit. So a procedural approach is quite consistent with Hume's doubts about Reason, as his own way of approaching the common point of view shows. At the back of things there lies a passion: the concern to avoid imposition and manipulation, to be able to reject the charge that *their* interests have been discounted, and to find just the common standards that enable *us* to look them in the eye. These may be no more than concerns or passions, but they are after all the concerns and passions that enable common humanity to go forward.

The question of foundations is still open, however, for a common point of view can sometimes seem like a myth. Suppose you have a piano on your foot, which is hurting you. From your point of view your hurt dominates the situation, and gives you urgent and sufficient reason to get the piano off your foot. How can I share that point of view? I cannot myself feel your pain, or be motivated as you are by that pain. From the standpoint of those who are hurting or dispossessed, it can seem like the most awful cant if we who are in comfort come along and reassure them that we share their point of view. 'I share your pain' is the sentimental drivel of the talk show.

What we can do is to take up the reasons of others and make them our own. We do not merely understand the man who gives as his reason for moving the piano that it was hurting his foot. We can also take his hurt as our motivation. His discomfort *can* become our discomfort – not in our foot, but in a desire to alter the situation for his benefit. For good people it is very uncomfortable to be in the presence of someone in pain and not be able to do anything about it. In this case, what is activating us is empathy or benevolence, not any kind of procedural rule on discourse. It is contingent how far we internalize the pains and problems of others. When they are near to us, either by ties of kinship or even just by physical proximity, we tend to be more disturbed than when they are far away. In all this we seem to have the operation of the passions, rather than the operation of Reasons. In this sense, the foundations of moral motivations are not the procedural rules on a kind of dis-course, but the feelings to which we can rise. As Confucius saw long ago, benevolence or concern for humanity is the indispensable root of it all.

21. Confidence restored

In Part One we considered the relativist's challenge. We may not seem to have done all that well in answering it. We have not found authoritative ethical prescriptions built into the order of things. No god wrote the laws of good behaviour into the cosmos. Nature has no concern for good or bad, right or wrong.

At our best, or so I have argued, we do have these concerns. Not all principle is hypocrisy. In any event, we cannot get behind ethics. We need standards of behaviour, in our own eyes, and we need recognition in the eyes of others. So our concern is not to 'answer' the relativist by some cunning intellectual or metaphysical trick. Our concern can only be to answer the challenge from within a set of standards which we uphold.

From within our self-understanding, we can admit that those standards are ours – just ours. We legislate them for ourselves, and also for others, when we demand respect or civility or forbearance from them. They give us reasons, not Reasons. But this understanding of what we have done does not have to be corrosive or sceptical. On the contrary, it can energize us to defend ourselves when those standards are belittled and threatened. If the self-understanding proves to be debunking, that is itself an artefact of the ethical climate of an age – in the postmodernist age, a climate of self-doubt, or loss of confidence, or cynicism, or just contempt for the enterprise of thinking about human living except in the most superficial ways.

So is there such a thing as moral knowledge? Is there moral progress? These questions are not answered by science, or religion, or metaphysics, or logic. They have to be answered from within our own moral perspective. Then, fortunately, there are countless small, unpretentious things that we know with perfect certainty. Happiness is preferable to misery, and dignity is better than humiliation. It is bad that people suffer, and worse if a culture turns a blind eye to their suffering. Death is worse than life; the attempt to find a common point of view is better than manipulative contempt for it.

The answer to the question of progress, once more, is given from within the values we can deploy. This does not mean that the answer has to be 'Yes – there is the progress that brought us to where we are!' Such triumphalism is not uncommon, but it is not logically forced upon us. We can turn our standards on themselves, and the answer does not have to be a ringing endorsement. We can fear that here and there our very own ethical atmosphere is not only imperfect, but worse than it once was. We can in principle listen to stories of a Golden Age, when things that we recognize in ourselves as faults and flaws were absent. We can admire the moral order of Confucianism, or the stress on harmony with nature in Taoism, or the resignation of the Stoics, and wonder about progress. We can cringe at the complacency of, say, 19th-century European thought, with its self-satisfied belief that it represented the march of progress or civilization away from the primitive or savage ways of the rest of the world. We can wonder whether contemporary obsession with rights, to the exclusion of any thought about the capacities of the people with the rights, is entirely healthy. And we can certainly be on the alert for traces of complacency in ourselves.

But if we reflect on an increased sensitivity to the environment, to sexual difference, to gender, to people different from ourselves in a whole variety of ways, we can see small, hard-won, fragile, but undeniable causes of pride. If we are careful, and mature, and imaginative, and fair, and nice, and lucky, the moral mirror in which we gaze at ourselves may not show us saints. But it need not show us monsters, either.

Appendix

The United Nations' universal declaration of human rights

Preamble

Whereas recognition of the inherent dignity and of the equal and inalienable rights of all members of the human family is the foundation of freedom, justice and peace in the world,

Whereas disregard and contempt for human rights have resulted in barbarous acts which have outraged the conscience of mankind, and the advent of a world in which human beings shall enjoy freedom of speech and belief and freedom from fear and want has been proclaimed as the highest aspiration of the common people,

Whereas it is essential, if man is not to be compelled to have recourse, as a last resort, to rebellion against tyranny and oppression, that human rights should be protected by the rule of law,

Whereas it is essential to promote the development of friendly relations between nations,

Whereas the peoples of the United Nations have in the Charter reaffirmed their faith in fundamental human rights, in the dignity and worth of the human person and in the equal rights of men and women and have determined to promote social progress and better standards of life in larger freedom,

Whereas Member States have pledged themselves to achieve, in cooperation with the United Nations, the promotion of universal respect for and observance of human rights and fundamental freedoms,

Whereas a common understanding of these rights and freedoms is of the greatest importance for the full realization of this pledge,

Now, therefore,
The General Assembly,
Proclaims this Universal Declaration of Human Rights as a common standard of achievement for all peoples and all nations, to the end that every individual and every organ of society, keeping this Declaration constantly in mind, shall strive by teaching and education to promote respect for these rights and freedoms and by progressive measures, national and international, to secure their universal and effective recognition and observance, both among the peoples of Member States themselves and among the peoples of territories under their jurisdiction.

Article 1

All human beings are born free and equal in dignity and rights. They are endowed with reason and conscience and should act towards one another in a spirit of brotherhood.

Article 2

Everyone is entitled to all the rights and freedoms set forth in this Declaration, without distinction of any kind, such as race, colour, sex, language, religion, political or other opinion, national or social origin, property, birth or other status.

Furthermore, no distinction shall be made on the basis of the political, jurisdictional or international status of the country or territory to which a person belongs, whether it be independent, trust, non-self-governing or under any other limitation of sovereignty.

Article 3
Everyone has the right to life, liberty and security of person.

Article 4
No one shall be held in slavery or servitude; slavery and the slave trade shall be prohibited in all their forms.

Article 5
No one shall be subjected to torture or to cruel, inhuman or degrading treatment or punishment.

Article 6
Everyone has the right to recognition everywhere as a person before the law.

Article 7
All are equal before the law and are entitled without any discrimination to equal protection of the law. All are entitled to equal protection against any discrimination in violation of this Declaration and against any incitement to such discrimination.

Article 8
Everyone has the right to an effective remedy by the competent national tribunals for acts violating the fundamental rights granted him by the constitution or by law.

Article 9
No one shall be subjected to arbitrary arrest, detention or exile.

Article 10
Everyone is entitled in full equality to a fair and public hearing by an independent and impartial tribunal, in the determination of his rights and obligations and of any criminal charge against him.

Article 11

Everyone charged with a penal offence has the right to be presumed innocent until proved guilty according to law in a public trial at which he has had all the guarantees necessary for his defence.

No one shall be held guilty of any penal offence on account of any act or omission which did not constitute a penal offence, under national or international law, at the time when it was committed. Nor shall a heavier penalty be imposed than the one that was applicable at the time the penal offence was committed.

Article 12

No one shall be subjected to arbitrary interference with his privacy, family, home or correspondence, nor to attacks upon his honour and reputation. Everyone has the right to the protection of the law against such interference or attacks.

Article 13

Everyone has the right to freedom of movement and residence within the borders of each State.

Everyone has the right to leave any country, including his own, and to return to his country.

Article 14

Everyone has the right to seek and to enjoy in other countries asylum from persecution.

This right may not be invoked in the case of prosecutions genuinely arising from non-political crimes or from acts contrary to the purposes and principles of the United Nations.

Article 15

Everyone has the right to a nationality.

No one shall be arbitrarily deprived of his nationality nor denied the right to change his nationality.

Article 16

Men and women of full age, without any limitation due to race, nationality or religion, have the right to marry and to found a family. They are entitled to equal rights as to marriage, during marriage and at its dissolution.

Marriage shall be entered into only with the free and full consent of the intending spouses.

The family is the natural and fundamental group unit of society and is entitled to protection by society and the State.

Article 17

Everyone has the right to own property alone as well as in association with others.

No one shall be arbitrarily deprived of his property.

Article 18

Everyone has the right to freedom of thought, conscience and religion; this right includes freedom to change his religion or belief, and freedom, either alone or in community with others and in public or private, to manifest his religion or belief in teaching, practice, worship and observance.

Article 19

Everyone has the right to freedom of opinion and expression; this right includes freedom to hold opinions without interference and to seek, receive and impart information and ideas through any media and regardless of frontiers.

Article 20

Everyone has the right to freedom of peaceful assembly and association.

No one may be compelled to belong to an association.

Article 21
Everyone has the right to take part in the government of his country, directly or through freely chosen representatives.

Everyone has the right to equal access to public service in his country. The will of the people shall be the basis of the authority of government; this will shall be expressed in periodic and genuine elections which shall be by universal and equal suffrage and shall be held by secret vote or by equivalent free voting procedures.

Article 22
Everyone, as a member of society, has the right to social security and is entitled to realization, through national effort and international co-operation and in accordance with the organization and resources of each State, of the economic, social and cultural rights indispensable for his dignity and the free development of his personality.

Article 23
Everyone has the right to work, to free choice of employment, to just and favourable conditions of work and to protection against unemployment.

Everyone, without any discrimination, has the right to equal pay for equal work.

Everyone who works has the right to just and favourable remuneration ensuring for himself and his family an existence worthy of human dignity, and supplemented, if necessary, by other means of social protection.

Everyone has the right to form and to join trade unions for the protection of his interests.

Article 24
Everyone has the right to rest and leisure, including reasonable limitation of working hours and periodic holidays with pay.

Article 25

Everyone has the right to a standard of living adequate for the health and well-being of himself and of his family, including food, clothing, housing and medical care and necessary social services, and the right to security in the event of unemployment, sickness, disability, widowhood, old age or other lack of livelihood in circumstances beyond his control.

Motherhood and childhood are entitled to special care and assistance. All children, whether born in or out of wedlock, shall enjoy the same social protection.

Article 26

Everyone has the right to education. Education shall be free, at least in the elementary and fundamental stages. Elementary education shall be compulsory. Technical and professional education shall be made generally available and higher education shall be equally accessible to all on the basis of merit.

Education shall be directed to the full development of the human personality and to the strengthening of respect for human rights and fundamental freedoms. It shall promote understanding, tolerance and friendship among all nations, racial or religious groups, and shall further the activities of the United Nations for the maintenance of peace.

Parents have a prior right to choose the kind of education that shall be given to their children.

Article 27

Everyone has the right freely to participate in the cultural life of the community, to enjoy the arts and to share in scientific advancement and its benefits.

Everyone has the right to the protection of the moral and material interests resulting from any scientific, literary or artistic production of which he is the author.

Article 28

Everyone is entitled to a social and international order in which the rights and freedoms set forth in this Declaration can be fully realized.

Article 29

Everyone has duties to the community in which alone the free and full development of his personality is possible.

In the exercise of his rights and freedoms, everyone shall be subject only to such limitations as are determined by law solely for the purpose of securing due recognition and respect for the rights and freedoms of others and of meeting the just requirements of morality, public order and the general welfare in a democratic society.

These rights and freedoms may in no case be exercised contrary to the purposes and principles of the United Nations.

Article 30

Nothing in this Declaration may be interpreted as implying for any State, group or person any right to engage in any activity or to perform any act aimed at the destruction of any of the rights and freedoms set forth herein.

Notes and further reading

Introduction

1 'In the eyes of some thinkers . . .' In G. W. F. Hegel, *The Phenomenology of Spirit*, the interplay mentioned here is heavily dramatized as the so-called 'master-slave' dialectic, in section B, part A, pp. 111–19. The essential point is that if you don't recognize the value of others, their recognition of your value will in turn be meaningless to you. The point is more elegantly made in Groucho Marx's 'I wouldn't want to belong to any club that would have me as a member'. A more serious treatment is Charles Taylor, *Sources of the Self.*

7 Throughout the book, when I want to highlight a thought that separates insiders from outsiders, I use italics – it is the contrast between *us* and *them.* But I want the italic also to play something of a distancing role. For in many contexts to put the issue in terms of an 'us' and a 'them' is itself problematic. It suggests divisiveness, and it suggests that each side is somehow monolithic, thereby fudging differences within groups. We sometimes need to be sceptical about each implication.

Part One. Seven threats to ethics

13 'Under Christianity the instincts . . .' Friedrich Nietzsche, *The AntiChrist,*§ 21. If we want a less philosophical version of the same complaint, Robert Burns's poem 'Holy Willie's Prayer' is a

marvellous dissection of the low-church, Presbyterian association of holiness with servility, self-satisfaction, and vindictiveness.

16 'The blessed and immortal nature . . .' Epicurus, 'Principal Doctrines', § 1, in Epicurus, *The Extant Remains*, p. 95.

18 'Everything goes to make me certain . . .' Herodotus, *The Histories*, 3. 38, p. 185.

29 'these homely methods . . .' I call these methods homely, but they are also part of the foundations of scientific method. According to Mill's authoritative account, if you want to find whether one thing is responsible for another, you try varying the circumstances, and see if you can separate them. If you can, the claim to causal responsibility fails. This is the method employed here. For more refined statements, see J. S. Mill, *A System of Logic*, bk. III, ch. 8, 'Of the Four Methods of Experimental Inquiry'.

30 'Popper asked him . . .' Karl Popper, *Conjectures and Refutations*, p. 35.

30 'Veblen noticed . . .' In fact, Veblen's view was anticipated by Adam Smith (1723–90), whose poor opinion of the motives that fuel consumers is often forgotten by apostles of free markets who like to flourish his name. See *The Theory of Moral Sentiments*, I. iii. 2. 1, p. 50. The idea can also be traced back to the 'wisdom' tradition including Biblical works such as Ecclesiastes.

31 'a man who runs upon certain ruin . . .' Joseph Butler, *Fifteen Sermons*, Sermon XI, pp. 168–9.

33 Section sums up a more detailed treatment given in chapter of my *Ruling Passions*.

35 'The confusion strikes again . . .' A lot of political science, based on so-called 'rational actor' theory, would predict that events such as tipping the restaurant staff, whom you will never meet again, wouldn't happen. It would also predict that people don't vote, since the typical cost of voting in time and effort exceeds the expectation of gain from doing so. This is because the probability of your one vote making the difference is vanishingly small. Fortunately, people do not generally behave as the theory would predict.

38 Dawkins himself invented a term for ideas which, as we say, 'have a life of their own'. He calls them memes. The selfish gene/selfish

person meme is a particularly virulent one, in spite of being disowned by its parent. Again, there is a longer and more detailed discussion of this in *Ruling Passions*.

39 I devote Chapter 3 of *Think* to the general problems of free will and fatalism.

39 'Imagine a particularly ascetic monastic order . . .' Although, equally, a large chunk of Christian energy went into showing that sexual desire was itself voluntary, and hence a subject for guilt. See Michel Foucault, 'The Battle for Chastity', in *Essential Works of Foucault, 1954–84*, vol. I.

41 'said in a lofty, disdainful tone . . .' Immanuel Kant, 'On the Common Saying: That May Be Correct in Theory, but it is of No Use in Practice', *Practical Philosophy*, p. 280.

Further reading

Doubts about ethics itself are voiced in Nietzsche, *Beyond Good and Evil*, and many other works. See also John Mackie, *Ethics: Inventing Right and Wrong*, Bernard Williams, *Ethics and the Limits of Philosophy*, and Alasdair MacIntyre, *After Virtue*. Relativism is treated in G. Harman and J. J. Thomson, *Relativism and Moral Objectivity*, and David Wong, *Moral Relativity*. The theme of multiculturalism and universal ethics is treated in many papers in *Women, Culture, and Development*, ed. Martha Nussbaum and Jonathan Glover. The demandingness of ethics is uncomfortably visible in works such as Peter Unger, *Living High and Letting Die*, and Shelly Kagan, *The Limits of Morality*. The nature of moral luck is explored in Bernard Williams, *Moral Luck*. In fiction, works such as William Golding, *The Lord of the Flies*, or A. S. Byatt, *Babeltower*, give lurid examples of moral breakdown in groups isolated from a culture.

Part Two. Some ethical ideas

50 On missing women, see Amartya Sen, 'Women's Survival as a Development Problem', *Bulletin of the American Academy of Arts and Sciences*, 43; also 'Missing Women', *British Medical Journal*, vol. 304 (1992), p. 587.

54 'To fit in . . .' Thucydides, *History of the Peloponnesian War*, bk. 3, sect. 82, p. 242.

54 'In one of the most famous . . .' Judith Jarvis Thomson, 'A Defense of Abortion'.

57 'Death is nothing to us . . .' Epicurus, 'Principal Doctrines', II, in Epicurus, *The Extant Remains*, p. 95.

57 'Yonder all before us . . .' Andrew Marvell, 'To His Coy Mistress'.

59 'as David Hume argued . . .' Hume, *Dialogues Concerning Natural Religion*, sect. x.

62 'Thou shalt not kill . . .' Arthur Hugh Clough, 'The New Decalogue'.

65 'I wonder if I might call . . .' P. G. Wodehouse, *The Mating Season*, p. 41; 'I doubt, as a matter of fact . . .', p. 86. Marcus Aurelius was Roman Emperor from 161 to his death in 180.

66 'Vanity of vanities . . .' Ecclesiastes 1: 2–3.

66 'the fine and subtle net . . .' George Berkeley, *A Treatise Concerning the Principles of Human Knowledge*, introduction, sect. 20.

69 'Where I seem to differ . . .' F. P. Ramsey, *The Foundations of Mathematics*, p. 291. Seventeen stone is 238 pounds or approximately 108 kilograms.

70 'useful or agreeable . . .' David Hume, *An Enquiry Concerning the Principles of Morals*, IX. 1, p. 270.

70 '*eudaimonia*'. Aristotle, *Nicomachean Ethics*, 1095a.

71 'the greatest happiness . . .' Although this phrase is associated with Jeremy Bentham, it was first used by Frances Hutcheson, in his *Inquiry into the Origin of our Ideas of Beauty and Virtue*, iii. 8.

71 'Mill . . . argued that it is the critic . . .' *Utilitarianism*, ch. 2. For Bentham on pleasure, see his *Introduction to the Principles of Morals and Legislation*, ch. 4.

78 'What governor of a town . . .' David Hume, 'Of Passive Obedience', in *Essays, Moral, Political and Literary*.

83 'Augustus was sensible . . .' Edward Gibbon, *Decline and Fall of the Roman Empire*, vol. I, p. 64.

86 'who shall guard the guardians?' Juvenal, *Satires*, vi. 347.

91 'What has been the object . . .' Jeremy Bentham, *Anarchical Fallacies*, quoted in Waldron, *Nonsense upon Stilts*, p. 44.

Further reading

On the moral problem of abortion, see *The Problem of Abortion*, ed. Susan Dwyer and Joel Feinberg. For more on the death wish, see Sigmund Freud, *Civilization and its Discontents*, and many other writings.

For attitudes to death, see Thomas Nagel, *Mortal Questions*, or Jay Rosenberg, *Thinking Clearly about Death*. For a history of the subject, see Jonathan Dollimore, *Death, Desire and Loss*. On different conceptions of happiness, see Julia Annas, *The Morality of Happiness*. The classic statement of utilitarianism is John Stuart Mill, *Utilitarianism*. For 'indirect' utilitarianism, see R. M. Hare, *Moral Thinking: Its Levels, Method, and Point*. For a fascinating history of 'natural rights' see Jeremy Waldron's *Nonsense upon Stilts: Bentham, Burke and Marx on the Rights of Man*.

Part Three. Foundations

95 'I doubt not . . .' John Locke, *An Essay Concerning Human Understanding*, IV. iii. 18, p. 549.

95 ''Tis not contrary . . .' David Hume, *A Treatise of Human Nature*, II. iii. 3, p. 416.

96 'Reason is and ought only to be . . .' Hume, *Treatise*, II. iii. 3, p. 415.

97 'the ethological standard . . .' Bernard Williams, *Ethics and the Limits of Philosophy*, p. 46.

102 'the very coolness of a scoundrel . . .' This and the subsequent quotations are from Immanuel Kant, *Groundwork of the Metaphysics of Morals*, p. 62

107 'an act is wrong if . . .' T. M. Scanlon, *What We Owe to Each Other*, p. 153.

111 'When a man denominates . . .' David Hume, *An Enquiry Concerning the Principles of Morals*, IX. 1, pp. 272–3.

Further reading

On Kant's approach to ethics, see Thomas Hill, *Dignity and Practical Reason in Kant's Moral Theory*. For Aristotelianism and virtue ethics, see Alasdair MacIntyre, *After Virtue*, or, more positively, Rosalind Hursthouse, *On Virtue Ethics*. On contractarianism, see Brian Skyrms, *The Evolution of the Social Contract*, David Gauthier, *Morals by Agreement*, and T. M. Scanlon, *What We Owe to Each Other*. An excellent collection of papers on the foundations of ethics is *The Blackwell Guide to Ethical Theory*, ed. Hugh LaFollette.

Picture credits

The author and publisher gratefully acknowledge permission to reproduce the illustrations in this volume.

1. 'Zwei Männer, einander in hoherer Stellung vermutend, sich begenen / Two Men Meet, Each Believing the Other To Be in a Higher Position', by Paul Klee, 1903. Etching, 12 x 23 cm. Paul Klee Stiftung, Kunstmuseum Bern. © DACS 2000.

2. 'Accidental Napalm Attack, South Vietnam, 8 June 1972', photo by Hung Cong ('Nick') Ut/Associated Press.

3. 'This is the wall, Foster . . . ', cartoon by Smilby, from *Punch*. © Punch Ltd.

4. 'The Human Genetic Code, Deciphered', cartoon by Matt Davies. The *Journal News/Los Angeles Times* Syndicate.

5. 'The Soul Exploring the Recesses of the Grave', by William Blake, from *The Grave: A Poem*, by Robert Blair, 1808. Reproduction by permission of the Syndics of the Fitzwilliam Museum, Cambridge.

6. 'The Just Upright Man is Laughed to Scorn', by William Blake, from *Illustrations of the Book of Job*, 1825. Reproduction by permission of the Syndics of the Fitzwilliam Museum, Cambridge.

7. 'What Is It that Makes Today's Homes so Different, so Appealing?', by Richard Hamilton, 1956. © Richard Hamilton

2000. All rights reserved DACS/Anthony d'Offay Gallery, London.

8. 'The Cockfight', by William Hogarth. © The British Museum.

9. 'Gardens of the Human Condition', cartoon by Michael Leunig, *Melbourne Age*, 8 October 1988. Michael Leunig/*The Age*.

10. 'Liberty Leading the People, 28 July 1830', by Eugène Delacroix. The Louvre, Paris. Photo © RMN/Hervé Lewandowski.

11. 'Waving the Flag', 1947–8, by George Grosz (1893–1959). Water-colour on paper. Sight: 25 × 18 in. (63.5 × 45.7 cm). Collection of Whitney Museum of American Art. Purchase and exchange, 54.9. © DACS 2000. Photo © 2000: Whitney Museum of American Art, New York.

12. 'As If They Are Another Breed', by Francisco de Goya, from *Disasters of War*, c. 1810. © The British Museum.

Bibliography

Anderson, Elizabeth. *Ethics and Economics*. Cambridge, Mass.: Harvard University Press, 1993.

Annas, Julia. *The Morality of Happiness*. New York: Oxford University Press, 1993.

Aristotle. *Nicomachean Ethics*, in *The Works of Aristotle Translated into English*, vol. 9, trans. W. D. Ross. Oxford: Oxford University Press, 1925.

Bentham, Jeremy. *An Introduction to the Principles of Morals and Legislation*. Buffalo, N.Y.: Prometheus Books, 1988.

Berkeley, George. *A Treatise Concerning the Principles of Human Knowledge*. Indianapolis: Hackett, 1987.

Blackburn, Simon. *Ruling Passions*. Oxford: Oxford University Press, 1998.

— *Think*. Oxford: Oxford University Press, 1999.

Butler, Joseph. *Fifteen Sermons Preached at the Rolls Chapel*, ed. D. Matthews. London: Bell & Sons, 1953.

Dawkins, Richard. *The Selfish Gene*. Oxford: Oxford University Press, 1976.

Dwyer, Susan, and Feinberg, Joel, eds. *The Problem of Abortion*. Belmont, Calif.: Wadsworth, 1996.

Dollimore, Jonathan. *Death, Desire and Loss*. London: Penguin Books, 1998.

Epicurus. *The Extant Remains*, trans. Cyril Bailey. Oxford: Oxford University Press, 1926.

Foucault, Michel. *Essential Works of Foucault, 1954–84*, vol. 1. London: Penguin Books, 2000.
Freud, Sigmund. *Civilization and its Discontents*, trans. Joan Rivers. London: Hogarth Press, 1949.
Gauthier, David. *Morals by Agreement*. Oxford: Oxford University Press, 1986.
Hare, R. M. *Moral Thinking: Its Levels, Method, and Point*. Oxford: Oxford University Press, 1981.
Harman, G. and Thomson, J. J. *Moral Relativism and Moral Objectivity*. Cambridge, Mass.: Blackwell, 1996.
Hegel, G. W. F. *The Phenomenology of Spirit*, trans. A. V. Miller. Oxford: Oxford University Press, 1967.
Herodotus. *The Histories*, trans. Robin Waterfield. Oxford: Oxford University Press, 1998.
Hill, Thomas. *Dignity and Practical Reason in Kant's Moral Theory*. Ithaca, N.Y.: Cornell University Press, 1992.
Hume, David. *Dialogues Concerning Natural Religion*. Indianapolis: Hackett, 1980.
— *Enquiries Concerning Human Understanding and Concerning the Principles of Morals*, ed. L. A. Selby-Bigge. 3rd edn. revised by P. H. Nidditch. Oxford: Oxford University Press, 1975.
— *Essays Moral, Political and Literary*, ed. Eugene Miller. Indianapolis: Liberty Classics, 1985.
— *A Treatise of Human Nature*, ed. L. A. Selby-Bigge. Oxford: Oxford University Press, 1888.
Hursthouse, Rosalind. *On Virtue Ethics*. Oxford: Oxford University Press, 1999.
Kagan, Shelly. *The Limits of Morality*. Oxford: Oxford University Press, 1989.
Kant, Immanuel. *Groundwork of the Metaphysics of Morals*, trans. J. J. Paton. New York: Harper & Row, 1964.
—*Practical Philosophy*, ed. Mary Gregor. Cambridge: Cambridge University Press, 1996.
LaFollette, Hugh, ed. *The Blackwell Guide to Ethical Theory*. Oxford: Blackwell, 2000.
Locke, John. *An Essay Concerning Human Understanding*, ed.

P. H. Nidditch. Oxford: Oxford University Press, 1975.
MacIntyre, Alasdair. *After Virtue*. London: Duckworth, 1981.
Mackie, John. *Ethics: Inventing Right and Wrong*. Harmondsworth: Penguin Books, 1977.
Mill, John Stuart. *A System of Logic*. New York: Longmans, Green, 1936.
— *Utilitarianism*, ed. John Gray. Oxford: Oxford University Press, 1991.
Nagel, Thomas. *Mortal Questions*. New York: Cambridge University Press, 1979.
Nietzsche, Friedrich. *Basic Writings*, trans. Walter Kaufmann. New York: Random House, 1967.
Nussbaum, Martha and Glover, Jonathan, eds. *Women, Culture, and Development*. New York: Oxford University Press, 1995.
Plato. *Euthyphro* and *Republic*, in *The Collected Dialogues*, ed. Edith Hamilton and Huntington Cairns. Princeton, N.J.: Princeton University Press, 1961.
Popper, Karl. *Conjectures and Refutations*. London: Routledge & Kegan Paul, 1965.
Ramsey, F. P. *The Foundations of Mathematics*. London: Routledge & Kegan Paul, 1931.
Rawls, John. *A Theory of Justice*. Cambridge, Mass.: Harvard University Press, 1971.
Rosenberg, Jay. *Thinking Clearly about Death*. Indianapolis: Hackett, 1998.
Scanlon, T. M. *What We Owe to Each Other*. Cambridge, Mass.: Harvard University Press, 1998.
Sen, Amartya. 'Missing Women', *British Medical Journal*, vol. 304 (1992), p. 587.
— 'Women's Survival as a Development Problem', *Bulletin of the American Academy of Arts and Sciences*, vol. 43.
Singer, Peter. *Practical Ethics*. Cambridge: Cambridge University Press, 1993.
Skyrms, Brian. *The Evolution of the Social Contract*. New York: Cambridge University Press, 1996.
Smith, Adam. *The Theory of Moral Sentiments*, ed. D. D. Raphael and A. L. Macfie. Oxford: Oxford University Press, 1976.

Stoppard, Tom. *Jumpers*. London: Faber & Faber, 1972.

Taylor, Charles. *Sources of the Self*. Cambridge, Mass.: Harvard University Press, 1989.

Thomson, Judith Jarvis. 'A Defense of Abortion', *Philosophy and Public Affairs*, vol.1 (1971), pp. 47–66; reprinted in *The Problem of Abortion*, ed. Susan Dwyer and Joel Feinberg. Belmont, Calif.: Wadsworth, 1997.

Thucydides. *History of the Peloponnesian War*, trans. Rex Warner. London: Penguin Books, 1954.

Unger, Peter. *Living High and Letting Die*. New York: Oxford University Press, 1996.

Veblen, Thorstein. *The Theory of the Leisure Class*. Harmondsworth: Penguin Books, 1994.

Waldron, Jeremy. *Nonsense upon Stilts: Bentham, Burke and Marx on the Rights of Man*. London: Methuen, 1987.

Williams, Bernard. *Ethics and the Limits of Philosophy*. London: Fontana, 1985.

—— *Moral Luck*. Cambridge: Cambridge University Press, 1981.

Wodehouse, P. G. *The Mating Season*. Harmondsworth: Penguin Books, 1961.

Wong, David. *Moral Relativity*. Berkeley: University of California Press, 1984.

“牛津通识读本”已出书目

古典哲学的趣味
人生的意义
文学理论入门
大众经济学
历史之源
设计，无处不在
生活中的心理学
政治的历史与边界
哲学的思与惑
资本主义
美国总统制
海德格尔
我们时代的伦理学
卡夫卡是谁
考古学的过去与未来
天文学简史
社会学的意识
康德
尼采
亚里士多德的世界
西方艺术新论
全球化面面观
简明逻辑学
法哲学：价值与事实
政治哲学与幸福根基
选择理论
后殖民主义与世界格局

福柯
缤纷的语言学
达达和超现实主义
佛学概论
维特根斯坦与哲学
科学哲学
印度哲学祛魅
克尔凯郭尔
科学革命
广告
数学
叔本华
笛卡尔
基督教神学
犹太人与犹太教
现代日本
罗兰·巴特
马基雅维里
全球经济史
进化
性存在
量子理论
牛顿新传
国际移民
哈贝马斯
医学伦理
黑格尔

地球
记忆
法律
中国文学
托克维尔
休谟
分子
法国大革命
民族主义
科幻作品
罗素
美国政党与选举
美国最高法院
纪录片
大萧条与罗斯福新政
领导力
无神论
罗马共和国
美国国会
民主
英格兰文学
现代主义
网络
自闭症
德里达
浪漫主义
批判理论

德国文学
戏剧
腐败
医事法
癌症
植物
法语文学
微观经济学
湖泊
拜占庭
司法心理学
发展
农业
特洛伊战争
巴比伦尼亚
河流
战争与技术
品牌学
数学简史

儿童心理学
时装
现代拉丁美洲文学
卢梭
隐私
电影音乐
抑郁症
传染病
希腊化时代
知识
环境伦理学
美国革命
元素周期表
人口学
社会心理学
动物
项目管理
美学
管理学

电影
俄罗斯文学
古典文学
大数据
洛克
幸福
免疫系统
银行学
景观设计学
神圣罗马帝国
大流行病
亚历山大大帝
气候
第二次世界大战
中世纪
工业革命
传记
公共管理
社会语言学